対談・座談

現代スポーツの論点

オリンピック・パラリンピックレガシーを語り尽くす

友添秀則［編著］

大修館書店

まえがき

東京2020オリンピック・パラリンピックが、新型コロナウイルスの世界的流行によって、1年延期となりました。本来なら、今頃は出場選手の多くが悲願のメダル獲得をめざして、大観衆の中で競技をしていたでしょう。また、テレビ、新聞などのメディアは、世界の一大スペクタクルを前に、人々の期待や夢を煽り、一層盛り上げていたでしょう。東京の街はもちろん、日本中が五輪一色に違いありません。しかし、図らずも東京オリンピックは、本来の開会式の1年後の2021年7月23日に延期されました。

およそ1200年の長きにわたってギリシャで営々と続けられた古代オリンピックは、宗教の祭典であったからでしょうか、一度も中止されることはありませんでした。もちろん疫病が流行した時にも延期されることはなく開催されたと言います。

人々の命を奪い、世界を恐怖に陥れた新型コロナウイルスは、スポーツ界にもこれまでにない大きな打撃を与えました。ウイルスという自然的災禍にオリンピックもスポーツも全く無力です。

近代イギリスで発祥し、欧米で発展したスポーツは、ラグビーやレスリングを挙げるまでもなく、「密閉」「密集」「密接」の三つの要素を多く持つ文化です。同時に、20世紀以降はスタジアムや競技場を埋める観客も、そこに三密があると言われても、スポーツという文化の重要な構成要素となりました。

人々の英知を集め、やがてコロナは収束するでしょう。しかし、古代ギリシャと異なり、世界がグローバル化し、人類が自然破壊に手を染めてしまった今、新たなウイルスがまた人類の、そしてスポーツのさらなる脅威となるように思えてなりません。そういう意味では、コロナの収束は終わりの「始まり」なのかもしれません。三密でない新しいスポーツ様式、人間の生身の身体を直接触れ合わないコンタクトスポーツ。果たして、そのようなスポーツが存在するのでしょうか。無観客で声援のない中でアスリートが黙々とプレイするゲームを私たちはスポーツと呼ぶことができるのでしょうか。

新しい生活様式の中での新しいスポーツのかたちとはどのようなものなのか。私たちは今、これまで誰もが解決したことがない、難問を突きつけられているのです。この難問に正解を見出さない限り、オリンピックとスポーツの未来に立ち込める暗雲が晴れることはありません。

本書は、私が『体育科教育』（大修館書店）ならびに『現代スポーツ評論』（創文企画）という専門誌で、2020年の東京オリンピックの招致が決まって以降、現代のスポーツや学校体育に大きな影響を与えておられる方たちと行ってきた対談・座談を一冊にまとめたものです。目次をご覧いただければおわかりになるかと思いますが、体育スポーツのエキスパートとの対談・座談は結果的にスポーツ政策、オリンピック・パラリンピック、スポーツ・インテグリティ、女性スポーツ、障がい者スポーツ、スポーツ教育、学校運動部活動、学校体育、スポーツ科学という広い射程を対象にすることになりました。そういう意味では、これほど幅広い対象を深く楽しく論じたものはこれまでにはなかったように思います。本書には現代スポーツの主要な論点が網羅されていますので、これらの論点から、スポーツの今とこれからのスポーツのゆくえを読み取ることができるのではないでしょうか。

コロナ禍は世界の経済活動を止め、人々の往来を遮断し、少なくない人たちを失業に追い込みました。日々の報道は生活に困窮する人たちの苦境を伝えています。現在でも新型コロナウイルスの収束の見通しは立っていません。第二波、第三波の懸念もあります。コロナ禍の対策経費に多額の国費が投入され、またオリンピックにかかる経費が当初の見込みの総額3兆円超から大幅に膨らみ、加えて延期されるオリンピックに多額の追加経費が必要とされています。このような中で、オリンピック中止論が大きな声になってきました。

東京オリンピック招致をめざしてスポーツ基本法が制定され、開催決定後、スポーツ庁が設置されました。国際競技力の向上、学校運動部活動改革、競技団体のインテグリティ確保、女性スポーツや障がい者スポーツの推進、健康スポーツの推進による国民生活の向上、総合型地域スポーツクラブの充実による地域創生、大学スポーツ協会（UNIVAS）創設と大学スポーツの振興、プロスポーツの活性化やスポーツ産業の推進など、東京オリンピックの開催に並行して多くの施策が検討され、わが国のスポーツシーンが大きく前進しました。これらの成果は、東京オリオンピック開催決定がなければなかなか前に進むことができなかったものだったと思います。

仮に、コロナが収束せずに東京オリンピックが中止になったとしても、東京オリンピック開催をめざして多くの有形無形のオリンピックレガシーが日本に、また次世代に引き継がれていくように思えます。東京オリンピック開催が延期された今だからこそ、オリンピック・パラリンピックのレガシーについて、読者のみなさんに本書を通して考えを一層深めていただければと思います。

なお、書籍化に向けては、専門誌掲載時から記述が古くなったものを刷新したり、文章表現を改善したり、また表記の統一といった観点から、必要に応じて原稿の修正や加筆を行いました。さらに、読者の理解に供するために、原文にはなかった脚注を多く加えました。

最後に、本書の企画から刊行まで常に伴走くださった大修館書店編集部の阿部恭和さんと松井貴之さん、また本書への転載を快諾くださった創文企画社主の鴨門裕明さんに心からお礼申し上げます。

友添　秀則

2020年7月24日

（本来の東京オリンピック開会式の日に）

［対談・座談］現代スポーツの論点――オリンピック・パラリンピックレガシーを語り尽くす――

目次

本書で出てくるスポーツ団体の略称表記

ＩＯＣ	国際オリンピック委員会。International Olympic Committee の略。
ＩＷＧ	国際女性スポーツワーキンググループ。International Working Group on Women and Sport の略。
ＪｅＳＵ	日本ｅスポーツ連合。Japan esports Union の略。
ＪＩＳＳ	国立スポーツ科学センター。Japan Institute of Sports Sciences の略
ＪＯＣ	日本オリンピック委員会。Japan Olympic Committee の略。
ＪＰＣ	日本パラリンピック委員会。Japanese Paralympic Committee の略。
ＪＰＳＡ	日本障がい者スポーツ協会。Japanese Para-Sports Association の略。
ＪＳＣ	日本スポーツ振興センター。Japan Sport Council の略。
ＪＳＰＯ	日本スポーツ協会。日本体育協会から２０１８年４月に改称。
ＮＦ	国内競技連盟、各種目の中央競技団体をＮＦという場もある。National Federations の略。
ＮＯＣ	国内オリンピック委員会。National Olympic Committee の略。
ＮＴＣ	ナショナルトレーニングセンター。National Training Center の略
ＷＡＤＡ	世界アンチ・ドーピング機関。World Anti-Doping Agency の略。
ＷＨＯ	世界保健機関。World Health Organization の略

第1章

オリンピック・パラリンピックのレガシー構築のために

―第１章ナビゲーション―

本章の前半の座談でも述べられていますが、日本人にとってのオリンピックは、「オリンピック好きの国民性」と言われるように、特別な意味を持っているようです。２０２０年の開催決定に至るまでには、古くは１９８８年の名古屋市への招致失敗から２０１３年の東京への招致成功まで実に四半世紀もの長い時間がかかりました。

もちろん、この招致の過程では開催そのものについての賛否が激しく議論され、時に賛成派と反対派が対立することもありました。賛成派はオリンピックは国民に多くの感動やこれからの時代を担う子どもたちに夢を与え、国民の一体感の醸成や経済に大きな効果をもたらすと言います。他方、反対派は東日本大震災の被災地復興を優先すべきとか、テロの恐れや治安の悪化を挙げ、巨額の公金をオリンピックにつぎ込むよりも、貧困の解消や国民生活の安定を優先すべきと主張します。さらに、賛成派とは逆に、大会後の経済不況などを理由に挙げます。

本章の前半の座談は、ソチオリンピック（２０１４年）終了後、時を経ずして行われたものです。長らくＮＨＫのアナウンサーとして、その後は解説委員として、スポーツ全般やオリンピックに関わってこられた山本浩さんに、メディアの立場からオリンピックに対する思い、東京大会後のスポーツ界などについて語っていただきました。また、日本オリンピック委員会（ＪＯＣ）や日本パラリンピック委員会（ＪＰＣ）で競技力向上施策を担い、アテネ、北京、ロンドンの各オリンピック大会に、日本代表選手団の情報戦略、強化担当として参加された勝田隆さんには、選手強化や国際競技力向上の立場からお話をいただきました。座談ではポスト・オリンピックのスポーツ界や、スポーツの価値、スポーツ・インテグリティ（健全性、高潔さ）を擁護する大切さに議論が及びました。

本章の後半の対談に登場いただいたＪＯＣ会長の山下泰裕さんには、ご自身にとっての柔道との出会いや柔道から学んだことを語っていただきながら、オリンピックそのものの価値についてご自身の言葉でお話しいただきました。対談の中で触れたように、山下さんは１９８０年のモスクワオリンピックには、当時、柔道無差別級で実力世界一と言われながらも、出場が叶いませんでした。旧ソ連（現ロシア）とアメリカが対立する東西冷戦下、旧ソ連のアフガニスタン侵攻に抗議したアメリカ政府の出場ボイコットの要請に呼応した日本政府は、参加を見合わせました。モスクワ大会ボイコット後、その時の選手団を「幻の代表」と呼ぶようになりましたが、「幻の代表」に対する思いや当時の心境について忌憚なくお話しいただきました。

対談を通して感じていたことですが、この時の山下さんの思いは、現在、ＪＯＣの会長としての山下さんの行動の原点にもなっているように感じます。

1 〔座談〕東京2020大会とスポーツ界の変容

—今回お話しする人— 山本 浩＋勝田 隆＋清水 諭

（2014年4月6日収録）

ソチオリンピックを振り返って

友添　2013年の9月に2020年東京オリンピック・パラリンピック開催が決まりました。また、ソチオリンピック（2014年2月7日～23日の期間にロシア・ソチで開催）では、今までにない若い世代が活躍したこともあって、冬季オリンピックでは1998年の長野オリンピック以降最多の8個のメダルを獲得しました。テロが心配されていましたが、何事もなく無事終わりました。ところで、夏の大会は1988年名古屋、2008年大阪、2016年東京の開催をめざしましたが、招致に失敗してきました。長い道のりを振り返ってみれば、実に四半世紀にわたる悲願が実ったということになります。

　しかし、2016年の誘致の際に問題となったように、東京オリンピック招致に関して国内で賛否が分かれ、招致に対して強い批判がありました。特に未曾有の被害をもたらした東日本大震災の復興途上にある日本で、なぜ今オリンピックなのかという批判の声も小さくありません。しかしながら、オリンピックは経済的にも精神的にもいき詰まった今の日本をインスパイアする（勇気づける）点においてこそ必要であるとの声が、誘致推進を後押ししたことも事実です。また、アベノミクスの景気回復の4本目の矢としての意義を説明する声もあります。この座談ではソチオリンピックの総括を皮切りに、2020年に東京でオリンピックを開催する意義を様々な視点から考えていきたいと思います。あわせてポスト・オリンピックにおける日本のスポーツのあり方についても考えていきたいと思います。

　最初に山本さん、ソチオリンピックを振り返ってどのような感想を持たれましたか。

山本　ソチオリンピックでは日本の最初のメダル獲得が思いのほか遅く、メディアとしてはイライラしたところがあったのではないでしょうか。しかし、事前の期待値が大きかった分、記事にしてもニュースにしても、伝える材料は十分にありました。メダルを獲ることができた若い人、獲れなかったベテランがいて、オリンピックは必ずしもハッピーエンドで終わらないということもわかってもらえました。これまでだと、ハッピーエンドで終わらない人は報道の対象から外れていったのですが、そこを取り上げていくメディアの姿勢もあったと思います。その背景には、テレビの中継回線が増えてきたという事情があります。回線が豊富になって、様々なテレビ局が様々な素材を放送しやすくなりました。予想もしないところで獲ったメダルに対して、ストーリーを加えたり、現地から追加のリポート中継を出したりすることができたのです。そういった意味で、予想を超えた量の情報が流れた気がします。

友添　メディアにとっては、今までとは違う面白い試みがなされた成果のあるオリンピックだったということですね。勝田さんはどうでしょうか。

勝田　競技力向上に携わっている立場から、私はソチオリンピックが前回のバンクーバーオリンピック（２０１０年、カナダ）とどこがどう変わったのか、また長野オリンピック（１９９８年）以降、冬季オリンピックがどのように変わってきたのかに着目しています。なぜかと言うと、オリンピックは大会を重ねるごとに変化してきているからです。その変化や変化の背景を見ることが大切だと考えています。たとえば、実施種目数だけを見ても、夏季大会は近年多少増えましたが、それほど大きな変化は見られません。しかし、冬季大会に関しては、長野オリンピックの68種目からソチオリンピックは98種目へと1・4倍に増えています。一つの国内オリンピック委員会（ＮＯＣ）が獲得することができるメダルの数は、バンクーバーでは２２１個だったのが、４年後の今回は２５５個に増えました。こうしたオリンピックやパラリンピック大会の変化の背景には何があるのかを考えることも重要だと思います。

また、予選の実施方式も変化してきています。複数の大会を転戦することによって獲得したポイントによるランキング制が導入されたり、一次予選、二次予選を経て最終予選を行う方式を採用するなど、全体的に長期化してきています。この予選の長期化や、それに伴う海外遠征、合宿、試合の増加は、学業や仕事の両立といった問題を大きくします。また、冬季オリンピックでは、冬季国体で実施されていない種目がだいぶ増えてきています。国体にモーグルはもちろん、スノーボードやボブスレー、スケルトン、リュージュはありません。またソチオリンピックで新たに導入されたXゲームズ（エクストリームゲームズ）で行われているような種目は当然ありません。インターハイにも同様のことが言えます。もちろん、関係者はこのような状況を把握し、様々な検討を重ねていると思います。

私は、日本の競技力向上の体制やシステムから指導や支援の方法に至る「新しい時代にふさわしい日本のスポーツ環境」を考える際には、オリンピックの変化を踏まえ、多角的に検討することが必要ではないかと考えています。

友添　今回のソチオリンピックでは、Xゲームズに出てくるような種目を積極的に国際オリンピック委員会（IOC）が採用しました。日本国内に国内競技連盟（NF）がない種目がオリンピック種目にどんどん採用されていきました。そうすると強化が後手に回らざるを得ない。われわれのような世代では考えられなかった現象が起こってきているわけです。しかし、IOCはどこの国からも支援を受けていない完全な非政府組織（NGO）であり非営利団体（NPO）です。自立して運営していくためには、テレビ放映権料を踏まえて、スポンサーを探し収益を上げていかなければなりません。そのためには、コンテンツとして面白くなければどうしようもないということだと思います。今回のソチオリンピックでは、今までにない種目が導入され、おおむね日本の視聴者には受け入れられました。しかし、世界の視聴者にとっては、Xゲームズはお馴染みの種目であり、むしろオリンピックに採用されたのは遅いぐらいだったのではないでしょうか。

山本　ソチオリンピックでは個人参加の選手をベースにした団体種目が非常に増えました。このタイプの団体種目を実施するとなると、選手の数を全体として増やさなくても、メダルの数を増やすことができます。これはメディアにとっても競技団体にとってもメリットが少なくありません。複数のメダルを獲得することで特定の選手がスター化しやすくなります。団体競技を増やすことによって、国と国の対抗戦の様相が強まります。いずれにしても社会の関心が高まるでしょうから、メディアや競技団体には好感を持って迎えられたはずです。そういう方向に大会を持っていったのは、おそらくＩＯＣ委員ではなく、ＩＯＣが雇っているテクノクラートたちの発想ですね。１９７０年代には20人規模だったのが、今は数百人を抱える組織になっています。エキスパートが契約で入ってきて、様々なアイデアを出すという時代です。

Xゲームズの様式を取り入れた種目が採用されたのには、二つの理由があります。一つは、主として人間の眼で捉えた評価によって優劣をつける審美型のスポーツであったということです。冬の競技は、公平性を担保するのに困難を伴います。しかもタイムそのものに絶対的な価値を置きにくい。ジャンプ競技にしても、ある競技場で飛んだ最高記録でも世界最高記録とは言わない。あるいはクロスカントリーで滑っても、世界最高記録とは言わないわけです。相対的に採点制の審美型の競技が増えてきます。

もう一つは、施設面に関することです。天然の雪がなくてもできるコンパクトなエリアを使った競技、それがXゲームズをヒントにしてできたということです。

清水　先ほど山本さんが、近年テレビ回線が増えていて様々な物語が出てきたと言われました。確かに、たとえばスノーボードの平野歩夢選手のパフォーマンスやエピソードを見聞きする機会は多かったと思います。

山本　メディアにとって近年課題になっていたのは、若い人たちをどう取り込むかということでした。それは新聞や雑誌といった活字もテレビも同様です。また、IOCも、若い人にどうやってオリンピックの伝統的な種目に入ってきてもらうかを考えていて、それを一つ具体化させたのがユースオリンピックでした。そしてそれよりさらに踏み込んだのが、Xゲームズ形式の種目であったと思います。若者獲得作戦で、メディアとオリンピックが手をつないでいるというのが今回の現象ではないでしょうか。

東京招致への活動について

友添　まだ記憶に新しいですが、2013年9月7日早朝にIOCのロゲ会長の「TOKYO」という声を聴いて日本中に大歓声が上がりました。東京への招致活動を振り返って山本さんはどのように総括されますか。

山本　4年前の失敗を経験していたからでしょう、政界、財界、官界、スポーツ界といったそれぞれの組織の準備が非常によかったと思います。IOC委員の説得にも相当に力を入れたのでしょうが、トータルに最も力を入れたのが、世論の喚起だったのではないかと思います。2013年の2月頃にIOCによるオリンピック開催の支持率調査があるということで、1年前から早々と東京商工会議所がタイムスケジュールを立てて世論の喚起に取り組んでいました。そういった動きは2016年大会の招致活動の際には見られませんでした。印象深かったのは、オリンピアンが登場する警備保障会社のコマーシャルです。ああいったコマーシャルもIOCによる世論調査の日程を頭に入れた上での放送だったのではないかと思っています。真偽のほどはさておき、うまくタイムスケジュールをつくってそこに向かっていったということが、大きなバックグラウンドとしてあったと思います。

勝田　オリンピック・パラリンピックが、日本で、東京で、開催されるプロセスは、スポーツを取り巻く体制や事業、各種方策も含めた日本のスポーツのあり方に対して大きな検討を加えることができる歴史的なチャンスであると思います。またオリンピック・パラリンピックの開催は、招致活動も含めて開催国のスポーツを劇的に見直し、変化させる絶好の機会だとも言われています。これまで育て築いてきたものをどう活かすのか、あるいはこれまで手つかずだったことや、時代の変化とともに見直すべきことは何か、といったことを国民的規模で論議し、具体化し、未来を創造する絶好のチャンスだということです。

たとえば、2011年に制定されたスポーツ基本法も、オリンピックを招致しようという機運の中で生まれたものです。また、その過程で、障がい者スポーツの環境整備という動きも出てきました。これまで、誰もが20年先、あるいは50年先の日本のスポーツにとって必要だろうと思っていたことが話題として取り上げられ、具体的な方策が生まれました。また、学校体育や運動部活動の重要性の再認識を促すとともに、それらの未来像を検討する動きが出てきました。

日本のスポーツのロードマップ

清水　勝田さんはスポーツ基本法の制定、スポーツ立国戦略、あるいはスポーツ庁設置に向けた動きと一連のスポーツ政策の変化を見てこられたと思いますが、今後、日本のスポーツがどのように変容していくと思われますか。

勝田　キーワードとなりそうなものを思いつくまま三つ示してみます。

一つ目は、「2020年」です。2020年に向けて、オリンピックとパラリンピックの連携や一体化が加速的に促進されると思います。すでに今年度から、国のパラリンピックに関する施策や事業が厚生労働省から文部科学省に移管されています。このような障がい者スポーツとの連携は、競技大会、学校スポーツ、コミュニティ・スポーツや医・科学サポートなどにも波及していくと思います。こうした動きが、障がい者スポーツの環境も含め、2020年を越えて豊かなスポーツ環境を生み出すよう、私たちは関心を持って取り組んでいく必要があると考えます。２０２０年を契機に、持続可能なスポーツ事業や取り組みを生み出そうと主体的に関わることが重要ではないでしょうか。

二つ目は「スポーツ庁」です。スポーツ庁の設置に関する検討がさらに進められ、スポーツ基本法で謳われている「国の責務」や「日本のスポーツ体制」が明確にされていくように思います。具体的には、税金を含めた公的な資源の流れや、それに関連する組織や団体の役割などが明確化されていく対象として挙げられるかと思います。公的な資源の活用に関する社会的責任や評価は、今まで以上にその透明性や公正性が求められ、その方法もこれまでとは異なるものとなってくると思います。これは当たり前のことですが…。

三つ目は、「カタカナワールド」へのコミットです。オリンピックやパラリンピック、アンチ・ドーピング、コーチングといった「カタカナワールド」で、世界の人たちとの共通言語を持ちながら活動していくことは、今後さらに進んでいくことでしょう。次世代のスポーツ選手を世界に羽ばたかせるためにも、今を生きる関係者は、「カタカナワールド」に携わっているという認識を持つこと、閉鎖的ではなく世界に対してオープンマインドでいることが益々求められていくと思います。

友添　日本サッカー協会の川淵チェアマンがＪリーグを発足する際、サッカーの「百年構想」というアイデアを出されました。あれはコロンブスの卵のような発想で、誰もが言われてみればなるほどと思うことですが、日常レベルでは近視眼になりやすく、百年単位で何かを構想するという視点があまりなかったのではないかと思います。

２０２０年の東京オリンピックが終わった後をどうするのか、あるいは今世紀の日本のスポーツをどのように位置づけるのかといった大局観の中で、２０２０年のオリンピックをどう位置づけるのか。東京オリンピックは日本のスポーツのグランドデザインといった観点ではあまり議論されていないように思います。

確かに、スポーツ基本法は素晴らしい法律だと思っています。特にスポーツ研究を行ってきた者からすると、スポーツ基本法にはスポーツの理念が具体化されていると思います。ただし、それが書き上げられた、まさにその時から過去のものになってしまう。そうなった時に、百年構想を持つだけでなく、「何年までに何をやるのか」といった具体的なロードマップを持たれなければなりません。日本のスポーツのグランドデザインを百年レベルで描いていくということが、日本体育協会（現日本スポーツ協会、略称ＪＳＰＯ）やＪＯＣでは行われているのでしょうか。

勝田　競技団体も含めてそれぞれの組織には、組織の基本的な長期計画があると思います。もちろん、日本体育協会やＪＯＣにも組織としてのプランはあります。しかし、日本全体としてはどうでしょうか。スポーツ基本法やスポーツ基本計画は、国としてのグランドデザインにあたるものだと思いますが、それぞれの組織を横断するプランや一つの組織ではダイナミックなチャレンジが難しい開発プランを盛り込んだ本格的なトータルプランがさらに重要になると思います。パラリンピックとオリンピックだけではなく、障がい者と健常者が一体となったスポーツ参加に関する連携なども本格的にプラン化していく時代だと思います。

ちなみに、国際競技力向上の観点から言えば、イギリスは、ロンドンオリンピック・パラリンピックに向けた「ミッション2012（UKスポーツ）」という強化プランの下で大きな成功を遂げました。オーストラリアは「グリーン・アンド・ゴールド・プロジェクト」という強化プランを展開していました。また、カナダはバンクーバーオリンピック・パラリンピックに向けて「オウン・ザ・ポディウム」という強化プランで大きな成功を収めています。

友添　先日、IOC調整委員会のコーツ（John Dowling Coates）委員長[*1]が準備状況の確認ということで来日しました。そこで、JOCやJSC（日本スポーツ振興センター）と東京オリンピック・パラリンピック競技大会組織委員会の棲み分けはどうなっているのか、また、組織委員会の理事の選出母体と役割分担はどうなっているのかなどについて指摘しています。確かに、日本のスポーツ界において組織のガバナンスや機能分化は行われてきたと思うのですが、スポーツ庁の設置が実現されようとする今、東京オリンピックを契機にこういった組織の再編や組み替えが議論され、整理されたほうがいいように思います。

山本　私は日本体育協会とJOCが合併して一つの組織になるべきであるという論を張っています。今の日本のスポーツ界はJSCが大変に尽力して、いろいろなところに施策を持っていき、かなりの成果を上げています。この先スポーツ庁ができ上がった時に、現在の体制のままだと見通しが立ちません。権限の裏側には責任が伴います。そのあたりを整理するために、日本体育協会とJOCを一つにして、現在非常に力のあるJSCとスポーツ庁の三つの組織が、お互いにチェック機能を働かせながら、強い力を持ってドライブしていくことが必要だと思います。

それだけでなく、やらなければならないことはたくさんあります。たとえば資格制度の問題です。管理栄養士は厚労省の国家資格で、厚労省は、管理栄養士を必ず置かなければならない必置組織を設けています。一方で、アスレティックトレーナーという資格はNPO法人と日本体育協会が公認するものであって、国が公認しているわけではありません。必置組織もありません。「せっかく資格を取ったのに、それを活かす場所が容易に見つからない」。そんな状況が至るところにあるのです。こういった現状を打破していくためには、三つの組織が意見を言いながらお互いに協力しあって広げていくということが重要だと思います。２０１３年現在、全国にスポーツ系の大学は１３８あります。卒業生は年間で約８４００人です。８４００人もの学生がスポーツを専門的に学んで次々に世に出ているにもかかわらず、それを活かせる場所となると非常に心許ない。こういった状況を変えていくために、２０２０年をターゲットに社会のしくみを変えていくことが求められています。

選手の強化

友添　確かに、資格問題を含めてスポーツに関わる専門職分野の確立は重要な問題ですね。後で少し触れたいと思います。

次に選手強化の観点から考えてみたいと思います。地方にいくと、県の競技団体や日本体育協会の支部組織である県体協の人たちが中心となって強化を進めています。そこでは学校の体育教員が中心であるというのが現実です。

さらに、高体連（全国高等学校体育連盟）や中体連（日本中学校体育連盟）も強化に重要な役割を果たしています。国レベルでJOCが選手強化をやることになっても、JOCには実働する下部組織がないので、スポーツ振興や普及を中心的な役割とする日本体育協会の下部組織と協力しながら行っていくしかありません。この下部組織は、NFの県支部といった感じです。また、スポーツ振興に関しても、生涯スポーツや地域スポーツの振興マターはJOCの役割ではありません。つまり、JOCと日本体育協会は実働場面で役割が錯綜したりして、強化という観点からだけではなく、スポーツの普及、振興という観点でも、ある意味では複雑で、具体的に立ち位置が明瞭になっていないところもあります。

勝田　それぞれの競技の強化や普及活動の主体はNFです。それらの統括団体として日本体育協会やJOC、日本障がい者スポーツ協会（JPSA）・日本パラリンピック委員会（JPC）などがあります。まず、選手強化でのそれぞれの組織のコアとなる役割について、今日的な検討が求められていると思います。

その際に、「国の責務」として展開される施策や事業が、強化や普及の主体となる各NFとどのようにつながることが望ましいのか、その流れを整理しておく必要があります。なぜかと言えば、2020年に向かって展開される国の強化施策や事業が、その規模も含めこれまでと大きく異なることが予想されるからです。あわせて、2020年以降、スポーツを通した発展がさらに進むために必要な事業の持続性について今から考え、その体制やシステムを構築していくことも重要だと思うからです。

公的資源の投下や活用に関しては、その効率性や効果を高いレベルで行うことができる国全体のしくみが重要です。同時に、競技団体も含めたスポーツ団体の自治や自立性、そして何よりもガバナンスについて考えていくことが重要ではないかと思っています。

友添 確かに、公的資金が投入される以上、事業の有効性と事業展開の透明性が何よりも担保されなくてはなりません。ところで、継続的にメダルを獲り続けるために必要なことは何でしょうか。

勝田 様々あると思いますが、まずは「人材」でしょう。国際的な視点を持った指導者やリーダーの質を高め、「世界をめざすアスリート」と「メダルをねらえるアスリート」の層を厚くする持続性のある体制やシステムを構築することが重要です。

メダルをねらえるアスリートを「メダルポテンシャルアスリート（ＭＰＡ）」と呼んでいます。この人材層はメダル獲得の源泉です。ＭＰＡについては各国によって異なった指標や定義があります。日本では、オリンピックなどの競技力を総合的に分析しているＪＳＣの情報・国際部で、夏季競技では、ほぼすべての強豪選手が出揃うシーズン最高峰の国際大会（世界選手権など）での入賞者（ベスト８以上）と定義しています。この定義を下にロンドンオリンピック金メダル獲得数上位10カ国の２００９年から２０１１年までの各競技における世界選手権８位以上を獲得した競技者（数）の平均を見ると、日本のレベルは世界で８位前後と考えられます。こういった状況に対して、ＪＳＣの分析報告では「日本のポテンシャルアスリート数は、各強豪国と比較すると少ない。韓国、ハンガリーは日本より少ないが、人口規模が日本は韓国の約3倍、ハンガリーの約13倍であることを考えると、日本のポテンシャルアスリートの輩出率は効率的であるとは言えない」と報告されています。

一方、MPAが実際どのくらいオリンピックでメダルを獲得したか、その割合（成功率）を上位10カ国で見ると、ロンドンオリンピックでは、世界4位前後に位置しています。メダルをねらえる層を厚くする取り組みと、本番で表彰台に上がる選手を増やす取り組みの両方が重要ですが、特に日本の場合、少子化や若者の運動離れを考えると、「ねらえる層を厚くする」取り組みをさらに充実させることが、重要な課題であると考えています。

友添　継続的にメダルを獲り続けることにおいては、MPAの層を厚くしていかなければならないわけですね。

勝田　そうです。夏季競技を見た場合、シドニー（2000年）、アテネ（2004年）、北京（2008年）、ロンドン（2012年）と4大会連続でメダルを獲得している日本の基盤競技は、柔道、レスリング、体操、競泳です。この4競技という数は、メダル獲得上位国と比べて極めて少ない。アメリカ、中国は約12競技です。日本は、世界で10番目くらいです。ロンドンオリンピックでは13の競技団体がメダルを獲得しましたが、今後は、この数字を増やす、つまり基盤競技を増やしていく総合的な強化戦略が重要になってくると思います。

友添　選手強化は、極めて目的志向性の強い活動だと思います。強化という立場からすれば、メダルを獲ることが目的の世界なわけです。当然メダルを獲るために最も効率のよい方法が考えられていく。ただし、そこでも考えなければならないことがあります。古くて新しい問題ですが、たとえば、早期から子どもをスポーツへ駆り立てていくことの是非についてです。２００８年から始まったＪＯＣのエリートアカデミー事業では、全国から選抜された中学生、高校生がナショナルトレーニングセンター（ＮＴＣ）で共同生活をしています。あるいはいくつかの地方公共団体で、たとえば和歌山県のゴールデンキッズ選抜プロジェクトのように、将来伸びる可能性が抜きんでた子どもたち、いわゆるタレントを選抜しています。また、メダルの獲りやすい種目を選定して、子どもとのマッチングをしていくということも行われています。このような事柄は、旧共産圏諸国がやってきたことでもあります。

しかし、歴史的な事実として、こういった試みの多くは、結局失敗してきました——その要因を歴史的事実に沿って十分に精査、検証してみないと、必ずしも失敗の要因を断言することは難しいのかもしれませんが——。そこで大事なことは、選手にとってのアフター・オリンピックだと思っています。発育期にあるジュニアアスリートは競技一辺倒ではなく、同時にシチズンシップ（市民性）を備えた人格形成を行っていく必要があるのではないでしょうか。そしてそれは、やはり大人の責任として十分に考えておかなければならないと思います。確かに、ＪＯＣのエリートアカデミー事業ではこういった点を考え、文武両道、つまりスカラーアスリートをめざすかたちで英才教育型の教育を行っています。ただ、思春期を含んだ発育期において親元を離れることが発育発達学の観点から見て子どもにとってはどうなのか、という意見も少なからず聞きます。「果たして、そこまでしてオリンピックでメダルを獲らなければならないのか」という声に対して、どのようにお考えになられますか。

勝田　頂点をめざす「道」が多様に存在することは健全だと考えています。また、スポーツを通じて人材の卓越性を開花させようとする質の高いプログラムを開発しようとすることは、スポーツの価値を高めることにもつながるのではないでしょうか。

さて、「頂点をめざす道」についてですが、その多様な道筋の一つに、自分の適性や可能性を客観的に見出せるしくみや、一流のコーチングを受ける機会、つまり本物に出会う機会が適切な時期にある、あるいは、様々なスポーツに本格的にチャレンジする機会が用意されている。また、そのような機会にチャレンジすることが本人の意思や保護者の同意の下に行われている。さらに、その取り組みには、社会の多様な「目」が注がれている。ＪＳＣやＪＯＣが連携して支援する地方自治体のタレント発掘・育成事業は、このようなプログラムを世界基準で系統的に構築しようとしている事業だと思います。この事業は、運動部活動やスポーツ少年団には見られないような特徴のある世界をめざす「道」の一つであるべきで、しかも、公的機関でなければできない質の高いプログラムが用意されていなければなりません。

もちろん、そのような「道」をつくることが簡単ではないことも、そして、現実的には様々な課題があることも承知しています。成果を求め過ぎて、子どもや保護者を過度に追い込んだりしないよう常に気をつける必要はあります。また、都道府県からいきなり全国、世界となるのではなく、ブロックごとに整備されたプログラムの充実や、再チャレンジしやすいしくみやシステムを構築することも必要だと思います。繰り返しになりますが、スポーツで世界の頂点をめざす多様な道筋、パスウェイがある。指導や運営が閉鎖的ではなく、世界のモデルとなるような、他国が真似するような質の高い「道」がある。その「道」を多くの大人たちが本気で考え、よりよいものにしていこうと挑戦し続けることは、スポーツを推進するエネルギーになると私は考えています。

最後に、ここで紹介している事業は、アスリートの意思や主体性を最優先にし、尊重しながら行われている、ということを付け加えさせていただきます。

友添　先ほど述べた旧共産圏諸国での歴史的な失敗と、今日本が取り組んでいることを同じ次元で考えることは、慎重でなければならないと思います。日本の取り組みでは、アスリートとしての道を選択するか否かの意思決定が本人及び保護者に委ねられています。子どもがわかるようなかたちでのインフォームドコンセントをしっかり行い、競技生活やその後の生活設計に関する考慮を本人に委ねることで、当人の意思決定の尊重、そして本人の動機づけと自覚を確認しています。このプロセスは、やはりこれからも順守されていく必要があるでしょう。

スポーツの価値

友添　山本さんが先におっしゃった、「管理栄養士は国家資格で、アスレティックトレーナーの資格はそうではない」ということを含めて、今回のオリンピックを通して、スポーツを専門にする人たちのキャリア保障や専門職としての資格の確立を行う契機にすべきだという提案がありました。今のアスリートは、フルタイムアスリートでなければ勝てません。パートタイムアスリートでは勝てない時代になりました。つまり、職業としてのアスリートをやっているわけです。この人たちが職業としてのアスリート、職業としてのコーチ、職業としてのスポーツコーディネーターとして生活していくことができる領域がしっかりと確立されていかなければならないと考えます。

山本　われわれの暮らしている社会には、スポーツのために法人を組織している団体がどれぐらいあるでしょうか。法人のためにスポーツを持っている組織は昔からたくさんあります。しかし、スポーツのために法人を持っている組織は多くありません。これをバランスよく変えていかなければならないと思います。

スポーツの魅力について考えた時、われわれはすぐに「健康」を口にします。確かに健康でない人にスポーツを勧める、あるいは健康が失われそうな人にスポーツを勧めるということは意味があることです。しかし、小学生に「健康のためにスポーツやらないか」と言ってもピンときませんよね。

だから私は、スポーツの一番の魅力は、ピンとこないかもしれませんが、「自分に対する自信を持つ機会を与えてくれる」ことだと思います。自分に対するプライド、まさに有森裕子さん（第4章5に登場）が「自分で自分をほめたい」と言った、あれです。優勝はしていないけれど、ああいったことを言うことができる。スポーツの価値はそこにあります。

今やスポーツの価値は〝健康〟から〝自信〟へシフトする時代なのです。そのためにはどんな体制が必要なのか。それは２０２０年の向こう側にあると思います。１９６４年の東京オリンピックの時も、大会の後に各地にスイミングクラブが誕生しました。また、サッカーのリーグ戦もオリンピックの翌年から始まっていきました。そういったことから考えても、２０２０年の向こう側に解答があるのではないかという気がします。ただし、２０２０年というターゲットがなければ、われわれが変革をするスイッチさえ持てなかったかもしれない。そういった価値が２０２０年大会にはあるのです。

友添　スポーツには多様な価値があって、その中心が健康から自己有能感へシフトしていくだろうということですね。

山本　そのために必要なことは、たとえば実業団で名の知れた企業が選手やチームを抱えるだけではなく、管理栄養士やアスレティックトレーナーを何十人も抱えることです。企業の名前をつけた管理栄養士やアスレティックトレーナーが地域の学校へ派遣され、子どもたちのスポーツ活動や運動会をサポートして回るなどといった活動をしていけば、スポーツによって自信を持つ子どもたちがもっともっと生まれてくるのではないでしょうか。

勝田　２０２０年に向けて、そして２０２０年を越えて日本のスポーツがさらに発展していくために、今、私たちが共有しておかなければならない重要なキーワードの一つとして、「インテグリティ[*2]（integrity：健全性、高潔さ）」という言葉があると考えています。この言葉を日本語に置き換えることは難しいですが、私は時々「スポーツの健全性」と訳しています。スポーツの高潔さや健全な状態を守る取り組みなしに、スポーツの価値や発展はあり得ない。スポーツの価値を脅かす要因となるような行為からスポーツを守り、健全な状態を維持させることが、今、世界規模で求められています。ドーピング、八百長、不正、暴力、ガバナンスに関する問題などが起これば、スポーツの健全性は脅かされます。そのような問題が多発したり、蔓延したりすればスポーツは危機的な状況に陥ります。

スポーツの健全性を守り、あるべき姿を追求する社会的な取り組みが、国際化、情報化が加速する現代社会で、さらに必要になっていくと思います。スポーツの健全性を脅かす要因に無関心であってはならない。「社会の中でスポーツだけ特別ではない」という認識を広く共有することが大切です。

世界最大のスポーツ大会であるオリンピックやパラリンピックが、公正で、安全な国「日本」で開催されるというメッセージが、世界にさらに届くように活動したいと思っています。

日本人とオリンピック

友添　私や勝田さんの世代は、1964年の東京オリンピックを見て、体育・スポーツの世界に入ったという人が少なくありません。マラソンのアベベ選手が国立競技場に入ってきた時のあまりの速さ、その後ろから円谷幸吉選手が苦しそうに入ってきた姿。あるいは、遠藤幸雄選手が鉄棒で見事な演技を見せてくれたことなど。私たちは、こういったイメージが幼心の原体験としてある世代です。50代中盤以降の人たちにとっての1964年の東京オリンピックは、ノスタルジアを超えた原体験そのものかもしれません。つまり、われわれよりも上の世代の人は、ほとんどがオリンピックに対して多かれ少なかれ何らかのイメージを持っていると思います。報道の現場に長らくおられた山本さんは、日本人とオリンピックの関係について何か感じるものはありますか。

山本　１９６４年の東京オリンピックの時、私は小学５年生でした。今と比べれば周りの生活水準は低く、私の家も貧しかったのですが、テレビで見る画面の中の西部劇やアメリカのファミリードラマは非常に豊かでした。

ある時、わが家にアメリカ人の家族がやってきました。かわいらしい十代の女の子が一緒だったのですが、その子が私の家の擦り切れた畳の縁をずっと指でこすっていたのを鮮明に覚えています。消え入りたくなるような非常に恥ずかしい思いでした。東京オリンピックはそんな時期に重なっています。つまり、オリンピックがくる前には〝恥ずかしいわれわれ〟だったのが、大会が終わると〝恥ずかしくないわれわれ〟がいたのです。それが私の１９６４年の東京オリンピックの最大の思い出です。東京オリンピックは〝われわれの自信〟を回復した大会だったはずです。われわれの自信を取り戻す、われわれも自信を持っていいのだ、そういうオリンピックだったのではないでしょうか。

これまでの日本のオリンピックは、「世界に対して日本はこれだけやれる」というところを見せたいというのが、どこかに見え隠れしていたと思います。それが２０２０年からは、「一人ひとり」の自信につながっていかなければならない。そう考えると、２０２０年はこれまでのオリンピックとは様相が違ってくるのではないでしょうか。時代の線引きをするようなオリンピックになるような気がします。

清水　皆さんのお話を聞いていると、スポーツに関することがプロジェクト化され、インテリジェンス化され、合理化され、一つひとつ、いろいろなところでやることが公共的にも非常にフェアで高潔さがあり、健全で、しっかりとお金の使い方を評価される、そういうものへとすごいスピードで進んでいくような気がします。組織によっては慣習的なお金の使い方をしていたものが、ものすごいスピードでプロジェクト化され、方向性を持って計画―実践―評価されていくという、スポーツがそういった事業の塊になっていくように見えます。

そうすると、２０２０年を超えた時に、スポーツに関することが今ある形態から、先鋭化され明確なメッセージを持った事業形態になるのではないでしょうか。

勝田　オリンピックは多くの人の憧れであり、また夢の舞台であり続けてほしいと思います。世界中の人たちの夢や感動、未来への可能性が、スポーツの競い合いを通して映し出され「カタチ」にされていく。そういった理想にコミットしていくことが大切なことだと、私は思っています。そのためには、極めて高いレベルで、そして健全に競い合われること、そこに人間が持つ凛とした美しさが明確に見えることが必要だと考えます。

しかし、競い合いは時に、人間の負の側面を表面化させます。負の行動は、競い合いの激化に伴い取り巻く関係者や組織にまで及ぶことがあります。オリンピックでの競い合いも例外ではありません。高度化や肥大化、複雑化に伴い様々な負の課題や新たな火種を抱えていることも事実です。

この競い合いを健全なものにしていく努力や、過度な競い合いに警鐘を鳴らすメカニズムが重要だと思います。競い合いが度を超えることで全体のバランスが崩れるようであれば、知恵者がバランスを取るように促さなければならない。そのためにも、多角的な視点で物事を捉えていかなければならないと思いますし、そういった人材を今後どのように育てるのか、その体制もしっかりつくっていかなければならないと感じています。

友添　日本人ほどオリンピック好きの国民はいない、とよく言われます。私がアメリカにいた際に、スポーツ学部の学生であっても、オリンピックに全く興味がないという人がたくさんいました。しかし日本では、日頃スポーツを全く見ない人でもオリンピックとなるとテレビにかじりついて見ていたりします。それが自国開催ということになると非常に盛り上がってきます。報道の立場からすると、オリンピックはキラーコンテンツなのでしょうか。

山本　これは言うまでもないですね。われわれがスポーツに対して関心を持ち、そこにアプローチしていく積極的な理由は三つあります。一つ目は、そこに自分と関係のある人が出ているからです。たとえば自分の孫が運動会に出ていると、おじいちゃんは見にいきます。4軒隣の家の孫が別の幼稚園の運動会に出ていても、おそらく見にいかないでしょう。同級生であったり、同じ大学の出身であったり、同じ市内、県内の出身者であったりといった関係性から関心が生まれてきます。夏になると出身県の甲子園の代表校をチェックし、都道府県予選で自分の母校がどうなっているか確認しますよね。そうしたものの見方も、自分との関係を大切にするところから始まっているような気がします。

二つ目は、そこで行われるイベントのアクションが一世一代のものであることです。百年に一度、一生に一度といった価値の高さがあるのか。これを見逃したら後顧に憂いを残すかどうか。

三つ目は、そこで行われるスポーツの戦いが極めて高いレベルで行われることです。想像を超えるような技術や戦術を使って、スペクタクルな勝敗争いが行われる。さすが世界の一線級だと感じさせる技がある。この三つがわれわれをスポーツに積極的に駆り立てる要素です。そしてオリンピックは、この三つの要素が重なる極めて希なイベントなのです。

アメリカ人もオリンピックは好きなはずだが日本人ほどではないと言われるのには、理由があります。平均的アメリカ人にとって最もレベルの高いスペクタクルなスポーツは何かと言うと、アメリカンフットボールのスーパーボウルです。それをやらないオリンピックには興味がないというアメリカ人もいるのです。つまり、われわれ日本人にとってのオリンピックと、アメリカ人にとってのオリンピックとは相当に違うものなのです。われわれにとってのスペクタクルがオリンピックにはあるということをメディアはよく知っていて、ＩＯＣもそれを認識しているというのが現実なのです。

友添　ちょうど予定している時間となりました。２０２０年の東京オリンピックまで残すところ6年となります。これから一層オリンピックについての議論がなされていくと思います。本日は、興味深い貴重なお話をありがとうございました。

2 ［対談］ＪＯＣの役割と東京2020大会に向けて

―今回お話しする人― 山下泰裕
（２０１９年11月18日収録）

山下泰裕の強さの源

友添　山下泰裕と言えば、国民栄誉賞を受賞した不世出の柔道家と言っても過言ではないでしょう。現役時代は、２０３連勝というアンタッチャブルレコードを樹立。とりわけ外国人には滅法強く、生涯負けなしの１１６勝。また、ただ強いだけではなく、後に触れていきますが、日本人が柔道を考えたり、スポーツを考えたりする際の原点とも言える存在です。

早速ですが、山下さんはどうしてそんなに強くなれたのでしょうか。

山下　白石礼介先生[*3]、佐藤宣践先生[*4]という二人の先生との出会いが非常に大きかったと思っています。

それ抜きに現役時代の活動、そして今の活動はあり得ません。

友添　そもそも、なぜ柔道を始められたのですか。

山下　小学校時代、「山下がいるから学校にいけない」と登校拒否を起こす同級生がいるほどに、私は周りから怖がられる存在でした。

友添　わんぱく少年だったという話は有名です。

山下　周りの大人たちが、柔道でもやらせれば他者に迷惑をかけない人になるのではないかと考え、小学校4年時から柔道を始めることになりました。するとすぐに柔道を好きになって、強くなりたいと思うようになりました。私は当時から体が大きかったこともあり、小学校6年時には熊本県の柔道大会で優勝。それが白石先生の目に留まって、先生が指導する熊本・藤園中学校に進学することになりました。白石先生の教えを素直に聞いていれば必ず強くなれると、確信めいたものがありました。

友添　それはどういった教えだったのでしょうか。

山下　試合に勝つための技術・戦術、体力などはもちろんのこと、柔道をする人間のあり方や生き方を繰り返し教わりました。柔道とは、そこで学んだことを日常生活や人生で活かせるから「道」なのだと。たとえば、道場にきて先生や仲間に挨拶をする、稽古のはじめ・おわりに礼を言う。多くの人がそれは当たり前にできるのだけれど、果たして同様のことが、お父さんやお母さん、学校の先生、友達、つまり道場以外でもできているか。私にはこの教えが頭のてっぺんから体にしみわたっています。柔道を始めて、私は周りがびっくりするくらいに変わりました。

友添　柔道だけでなく、人生の基礎基本からしっかりと教えてくれる素晴らしい指導者に出会ったことが山下さんの強さの源だったのですね。

山下　もう一点。なぜ外国人選手に負けなかったのかと言うと、それも白石先生の教えによるところが大きい。先生は、「いいか、やすひろ。お前が将来戦う相手はお前より大きな相手だ。そんな相手に通用する柔道を今のうちから身につけておくんだ」と指導してくださいました。中学校1年生にして177センチ、106キロだった私は、体の大きさを活かした柔道をすれば、同年代で負けることはなかったと思います。しかし、白石先生は私の将来を考えて、そのような柔道を教えなかった。だから私の柔道は、自分より大きな相手にも通用する柔道だったのです。

(写真提供＝フォート・キシモト)

モスクワ五輪ボイコット

友添　熊本の〝怪童〟はその後も高校・大学と順調に力をつけていきます。そして山下さんを語るのには切っても切り離せない「モスクワ五輪ボイコット」があったのは、山下さんが東海大学大学院時代の1980年でした。実は山下さんと私は同世代で、当時のことはよく覚えているのですが、山下さんはモスクワオリンピックを現地で観戦されていますよね。その後ろ姿を写した写真（前頁）を初めて見た時、なんと哀愁に満ちた姿だと感じました。この時山下さんは何を思って、また何を背負ってオリンピック会場にいっていたのでしょうか。

山下　東海大学総長で国際柔道連盟会長（いずれも当時）を務められていた松前重義先生が、一緒にモスクワオリンピックを見にいこうと誘ってくださいました。試合に出られなくても、見にいくことは君の４年後にプラスになるだろうからと。しかし、日本がボイコットした大会なのに現地にいっていいものなのか、もしいったらまた国内で叩かれるのではないかと思っていくかどうかを非常に悩みました。加えて、現地にいけば、なぜ自分は試合に出られないんだという辛い思いを抱くに違いないとも思っていました。

友添　当時の山下さんは世界の中でも圧倒的に強く、誰もが金メダル確実だと思っていましたからね。

山下　しかし、実際は辛い思いをすることはありませんでした。最初に試合会場に入る時には、確かに不安な気持ちがあった。でも、私を見かけた知り合いの外国人選手が「おーヤマシタ！」と声をかけてくれたんですね。私はその３カ月ほど前に左足くるぶし上の腓骨を骨折する怪我をしていたので、彼は「足は大丈夫か」なんて言って、私を励ましてくれたんです。その時、私たち選手はそれぞれの国の代表として戦うという意味では敵・ライバルなのだけれど、それ以前に、柔道をする仲間なんだということに気づくことができました。柔道を通した国際交流、友好親善を心の底から感じた瞬間でした。だから、予想とは反して、辛い思いをすることは全くなく、参加している選手たちを純粋に応

援することができました。

友添　柔道やスポーツ、そしてオリンピックが持つ価値を感じられるエピソードですね。

あの一戦の真相

友添　モスクワオリンピックから4年後のロサンゼルスオリンピック。ここで、一つの伝説が生まれます。

山下　エジプトのラシュワン選手との決勝戦のことですね。

友添　山下さんは準決勝で足に怪我を負い、それを気遣ったラシュワンが遠慮をして足を攻めなかった、というのが一般的に知られている話ですが、どうも真相はそうではないとか。

山下　はい。ラシュワンは遠慮したのではなく、全力を尽くして戦いました。決勝が終わった後、ラシュワンが海外のマスコミに囲まれて、「ヤマシタは足を怪我していた。あの足を蹴ったり引きずり回したりしていたら、あなたが表彰台のてっぺんにのぼれたはずだ」と言われたそうです。それに彼はこう返しました。「私にはアラブ人としての、柔道家としての誇りがある。そんな汚い戦いはできない」。それを聞いた人たちはみんな黙って納得し、ラシュワンのフェアな戦い方に称賛が送られるようになりました。日本では「武士の情けで足を攻めなかった」と誤解している人もいますが、そうではない。ラシュワンは正々堂々と戦ったのです。

友添　ラシュワンにはその後、ユネスコからフェアプレイ賞が贈られました。お互いに全力を尽くして、スポーツの精神に則って戦ったが故のことでしょう。

「幻のオリンピック」の教訓を生かす

友添　さて、誰もが認めた最強の柔道家が、今度はＪＯＣの会長として自国開催のオリンピックを迎えることになります。モスクワ五輪ボイコットに関わる一連の出来事を思い返すと、感慨深いものがあります。

山下　まさか自分がこのような立場になるとは、夢にも思っていませんでした。ただ、あの時起こったこと、感じたことは深く心の中に残っていて、それが今の自分を突き動かすエンジンになっているようにさえ感じます。

当時ボイコットをしたのは、日本・アメリカ・西ドイツ・韓国の西側諸国。しかし、同じく西側諸国であったイギリス・イタリア・フランスといった国々の選手は、国旗を掲げないで、オリンピックに参加するという選択をしました――もちろん国は反対していましたが――。他にもこんなエピソードがあります。モスクワ五輪ボイコットの中心人物であったアメリカのカーター大統領が、自国の「幻のオリンピック」代表選手とそのコーチ全員をホワイトハウスに招いて、なぜアメリカはこのオリンピックをボイコットしなければいけないのかを丁寧に説明し、その上で、みなさんには申し訳ないが私の判断を認めてほしいと、一人ひとりに直接言って回ったそうです。これはアメリカの柔道の知人から聞いた話で、彼はその時カーター大統領と一緒に撮った写真を見せながら、事の次第を語ってくれました。もちろんオリンピックには出たかったが、国の判断である以上仕方がなかったとも言いました。

翻って日本ではどうだったか。残念ながら何の説明もありませんでした。この二つのエピソードから言えるのは、日本のスポーツ界の力が弱かったということ、別の言い方をすると、スポーツの力が日本社会に認められていなかったということだと思います。JOCが日本体育協会から独立（1989年）した背景には、それと似たような考えがあったのではないかと思います。

友添　2019年、念願だった日本オリンピックミュージアムが開館しました。その中に、全オリンピアンの名前が刻み込まれたコーナーがあるのですが、ここには1980年にあったモスクワオリンピック「幻の代表」選手の名前も同様に刻まれています。

山下　２０１７年10月に「幻のオリンピック」代表選手が集まるシンポジウムが開催されました。私もぜひきてくれと誘われていたのですが、結局いきませんでした。今さら後ろ（過去）を振り返ってどうする、そんなことよりこれからやるべきことがいっぱいあるだろうと思ってのことでした。しかし、その後偶然、「幻のオリンピック」代表だった人と会う機会があってお話をしていたところ、いまだにその時の心の傷が癒えていないことを知りました。よくよく考えてみたら、私は「幻のオリンピック」代表の中で一番恵まれているのではないかと。そう思った瞬間、自分の考えが１８０度ひっくり返った。確かに私と同様に、モスクワの次のロサンゼルスオリンピック（１９８４年）、あるいは前のモントリオールオリンピック（１９７６年）に参加した人もいました。しかし、モスクワオリンピックが人生一度きりのオリンピックだった人にとっては、あのボイコットは非常に大きな心の傷になっているのではないか。そんなことにさえ心が至らなかった私は完全に未熟でした。

その後私は「幻のオリンピック」代表選手が胸を張って、少しでも前向きに生きていけるように、ＪＯＣとしてやれることはないかと考えるようになりました。そこで東京２０２０オリンピック・パラリンピックの大会組織委員会とも協力して、聖火リレーへの参加や自競技の観戦チケット販売の検討、他にもＪＯＣとして日本代表選手団結団式への招待を考えています。また、２０１９年12月21日に「集いの会」を、日本オリンピックミュージアムにて開催します。

友添　それは過去を振り返るというよりは、これからの新しいスタートを切るために、非常に重要な意味を持つと思います。

オリンピックとは何か

友添　ここまでお話ししてきて、オリンピックとは単なるスポーツの大会ではなくて、特別の意味がある大会のように思えてなりません。だからこそ、いろんな問題を抱えながらも今日まで続いてきたのではないかと思います。山下さんはオリンピックとはどういうものだとお考えでしょうか。

山下　私は中学校2年生の時、〝将来の夢〟と題する作文で、「僕は柔道の稽古に励み、強い高校・大学に進学する。そして柔道選手としてオリンピックに出場し、メインポールに日の丸を掲げ、君が代を聞くことが僕の夢です」と書きました。今の時代、オリンピックで金メダルを獲りたいという夢を持つ子は数多いるでしょうが、「日の丸を掲げて君が代を流したい」などと思っている子どもはいないでしょう。

なぜ私が中学校2年生にしてそんなことを思ったか。それは1964年の東京オリンピックの影響に他なりません。当時7歳だった私はテレビにしがみついて東京オリンピックを見ていました。日本人初の金メダルとなった重量挙げの三宅義信選手、東洋の魔女（女子バレー）、男子体操チーム、最終日の男子マラソン・円谷幸吉選手…。日本選手が活躍して、メインポールに日の丸が上がるとともに君が代が流れる。それを見ながら、こめかみがジーンとしたことは今でも忘れられません。その原体験があったからこそ、後に始める柔道でオリンピックをめざしたいと思ったのです。

オリンピックは選手本人はもちろん、多くの人に影響を与えます。だから、オリンピックに参加するすべての選手に言いたい。「強ければいいわけではない」と。オリンピックは一個人として出る大会ではなく、日本国民の、あるいはその競技に取り組むすべての選手の代表として出るものなのです。そうした誇りと自覚がない人に、私はオリンピックには出てほしくない。繰り返しになりますが、ただ強ければ、ただ速ければ、ただうまければいいわけでは決してないのです。

友添　柔道の創始者でＪＯＣの初代委員長でもある嘉納治五郎氏も同じようなことを言っています。嘉納氏は、決して柔道の勝ち負けを重視せず、柔道の中で、あるいは柔道を通して何を学ぶかということを非常に大事にした人でした。そしてＩＯＣをつくったクーベルタンも嘉納氏とよく似た考えを持っている人だったと言われています。

山下　クーベルタンのオリンピズムの精神と嘉納先生の「精力善用」「自他共栄」という精神には近いものがあったと思っています。大事にしなければいけないのは、嘉納先生がなぜ柔道をつくったのか、そこでめざしたものはなんだったのかということをしっかりと学ぶこと、また、なぜ大日本体育協会を立ち上げ、オリンピックに日本人選手を派遣したのか、さらには、なぜ学校教育の中に体育・スポーツを広げようとしたのかを、改めて考える必要があるでしょう。

友添　スポーツ教育に関わる者は、そういった問いや精神を持ち続けなければならないと思います。

山下　われわれＪＯＣはＪＯＣのために存在するのではありません。もちろんスポーツ界のためだけでもない。スポーツがよりよい社会の実現のためにどう関わっていくべきなのかという視点を常に持って行動していくべきです。そうすることで、嘉納先生がめざされたことに少しでも近づけるのではないかと考えています。

東京2020大会に期待すること――スポーツは楽しいもの！

友添　1964年の東京オリンピック以降、日本は目に見えるような変化を遂げ、今の発展につながっていきました。山下さんは東京2020大会が国民にとってどんなオリンピックになってほしいとお考えでしょうか。

山下　2019年ラグビーワールドカップで選手たちが見せたノーサイドの精神。これは、選手だけでなく、また日本に限らず、外国の関係者たちもOne Teamにしてしまいました。国民の多くがラグビーの素晴らしさを感じたことはもちろん、世界から日本にきていた人たちが、日本をより正しく理解してくれたのではないかと思います。東京2020オリンピック・パラリンピックは、ラグビーワールドカップを遥かに超える人々が世界から日本へやってきます。この機会に、日本の素晴らしさを発信するとともに、一人でも多くの国民が外国の方々と関わってほしいと思います。

友添　スポーツを通した国際交流を体現されてきた山下さんだからこその思いではないかと推察します。

山下　世界は多様なんだ、世界って意外と身近だなということを肌で感じられるいい機会にしてほしいですね。

しかし、国際交流と言うと少しハードルが高いと感じる方もいるかもしれません。もっとシンプルな願いを言えば、国民がスポーツに親しむきっかけになってほしいと思っています。友添さんは、世界で一番スポーツに親しんでいる国がどこだかご存知ですか。

友添　北欧のスウェーデンとか。

山下　さすがですね。トップはフィンランドですが、北欧全体が総じて上位だと言われています。なぜか。北欧は地理的な問題で日照時間が短く、精神的な病を抱えたり、自殺してしまう人が少なくなかった。どうすればそういったことで苦しむ人を減らせるかと考えた時、スポーツが最適なツールの一つではないかということが言われ出したのです。そのスポーツとは、子どもから大人、障がいの有無にかかわらず、みんなが楽しめるものでした。そう、本来スポーツとは楽しいものなのです。辛いものでも苦しいものでもありません。もちろんチャンピオンスポーツは、それはそれで素晴らしいのですが、多くの人たちにとって勝ち負けは二の次のはず。

ところが日本ではどうでしょうか。最近は少し変わってきたようにも見えますが、スポーツは若い人が行うものだとか、辛くて苦しいものだという印象がまだあるのではないでしょうか。意外に思われるかもしれませんが、私は「根性」や「忍耐」という言葉が嫌いなんです。

友添　競技の世界で生きてきた山下さんがそうおっしゃることに、大きな意味があると思います。

山下　こんなことを言うと、ＪＯＣ会長の役割と違うだろうとお叱りを受けるかもしれません。オリンピックで活躍する選手を育てて国民に夢や希望を与えるのがお前たちの仕事だろうと。それは十分わかっています。その点において気を緩めることはありません。しかし、ＪＯＣも各競技団体も、結果を残す＝勝つことだけを目的に活動しているわけではないのです。それは強調しておきたい。

オリンピック教育

友添　東京２０２０オリンピックに向けて、全国の学校でオリンピック教育が行われていますが、ＪＯＣ会長としてどういった展開を望まれていますか。

山下　２０１８年の平昌オリンピック。日本の小平奈緒選手と韓国の李相花選手の国を超えた友情の物語が大きく報じられました。また、女子・チームパシュートの金メダルは、日本人の〝和の力〟を再認識するきっかけになりました。こういった事例を使いながら、勝った・負けた以外の、「人生にとって大事なことは何なのか」ということをスポーツを通して子どもたちに学ばせてほしいと思います。

友添　「オリンピック教育」は本来そういうものであるべきだと私も思います。

山下　東京２０２０オリンピックでは、先に触れたロサンゼルスオリンピックの私とラシュワンのエピソードが吹き飛んでしまうような名シーンがたくさん出てくると思います。ぜひ楽しみにしていてください。

友添　最後に何か言い残したことがあればお願いします。

山下　冒頭で、道場やグラウンドの上で大事にしていることは日常生活に活かせて初めて意味があると言いました。それは「フェアプレイの精神」も同様です。これをスポーツ以外の場面で心掛けるようになったら、日本は、そして世界は、よりフェアな社会になっていくのではないかと思います。

友添　本日は熱のこもったお話をお聞かせくださりありがとうございました。

山下　実は友添先生との対談ということでどんな高尚な話になるのだろうかと気構えしていたところがありました（笑）。しかしそれも杞憂に終わりました。頭で考えるよりも先に口から言葉が出たと言っていいほどに、今日は日頃思っていることをお話しすることができました。

〈注〉

1　2000年代に入って、先進諸国はエリートスポーツの強化を通して国家のプレゼンス（存在感）を高めるために、メダル獲得を目的とした強化策を行うようになった。たとえば、オーストラリアの「グリーン・アンド・ゴールド・プロジェクト」では、ロンドンオリンピックのメダル獲得数で5位以内をめざすために、強化対象種目を指定し、合計で250万豪ドル（約1億8750万円）を拠出している。

2　スポーツが社会の中で重要な位置を占めるようになるにつれ、ドーピング、八百長、違法賭博、暴力・ハラスメント、人種差別などのスポーツそのものを脅かす行為も目立つようになってきた。「インテグリティ」は元来、経済用語であったが、スポーツの世界でもスポーツが様々な脅威により欠けるところなく、価値ある高潔な状態をいかに保つことができるかというスポーツ・インテグリティの擁護が重要な課題となってきた。スポーツ・インテグリティについては、第3章で扱うので参照されたい。

3　白石礼介氏（1928年～2015年）は熊本市立藤園中学校柔道部監督、その後は九州学院中学校・高校の柔道部監督として、多くの一線級の柔道選手を育てた名指導者。全国中学校体育大会では第1回大会から九州学院中学校に転じた第4回大会までを連覇した。柔道を人間教育の一環として捉える姿勢は多くの教え子に影響を与えた。

4　佐藤宣践氏（1944年～）は東海大学教授として、柔道部の指導にあたり多くの世界チャンピオンを育てた名指導者。自身も世界選手権大会や全日本選手権大会で優勝するなど一線級の柔道家であった。山下さんは、高校時代、佐藤監督の自宅に下宿して大きな薫陶を受けたという。

第2章

これからの学校体育とスポーツ政策をどう構築するか

―第２章ナビゲーション―

１９８９年に東西両ドイツを分断したベルリンの壁が崩壊し、１９９１年の旧ソ連の解体で、第二次世界大戦後長らく続いた東西冷戦は終結しました。冷戦下では、スポーツが国威発揚の手段として用いられ、旧ソ連を中心とした東側諸国とアメリカを中心とした西側諸国の間で、オリンピックを舞台にメダル獲得の代理戦争が展開しました。

冷戦終結は世界に平和をもたらすと思われましたが、旧ソ連、東欧地域では民族主義による紛争が起こったり、２０００年代に入るとアメリカでは世界を震撼させた同時多発テロ（２００１年９月11日）が起こりました。また少し遅れて、アメリカのＩＴバブルの崩壊、その後に続く住宅バブルの崩壊、リーマンショックによる世界同時株安が世界不況を招きました。

ヨーロッパの先進諸国や中国、韓国では２０００年代に入ると、経済不況にもかかわらず、外には国家のプレゼンスを高め、内には国民統合のためのパトリオティズム（愛国心）を醸成するために、多額の公金を投入して国際競技力の強化に力を入れていくようになります。しかし日本では、本章の対談の中で初代オリンピック担当大臣の遠藤利明さんがお話しになられているように、２００６年の冬季オリンピックトリノ大会の最終日にフィギュアスケートの荒川静香さんが獲得した金メダルのみという惨敗でした。当時は既に国立スポーツ科学センター（ＪＩＳＳ）が２００１年に設置されてはいましたが、競技力を向上させる施設も予算も不十分で、日本は国際競技力という点ではかなり後れをとっていました。しかし、トリノの惨敗を契機に日本のスポーツ環境は急速に前に進んでいくようになります。

2008年にナショナルトレーニングセンター（NTC）が開所され、2011年にスポーツ界の憲法とも言えるスポーツ基本法が制定され、2013年には2020年開催のオリンピックが東京に決定しました。2014年には障がい者スポーツが厚労省から文科省に移管され、2015年にはスポーツ行政の司令塔となるスポーツ庁が設置されました。

2000年以降、日本のスポーツを取り巻く環境はトップスポーツのみならず、障がい者スポーツや地域スポーツを含んで環境が大きく変わりました。このような経緯は、遠藤利明さんとの対談を読んでいただければと思います。

さて、本章の最初の座談はスポーツ庁が発足して間もなく行われたものです。スポーツ庁が何のために設置されたのかが明確でないこと、スポーツ庁は結局競技志向に向かうのではないかとの懸念や今後に対する期待が述べられています。この座談の参加者は皆さん、スポーツや学校体育に見識をお持ちの方ばかりです。スポーツ庁が発足して5年が経ちました。今一度、この座談を読んで、スポーツ庁のこれから、学校体育を含んだ日本のスポーツのこれからを考えていただければ幸いです。

本章の最後の対談は、スポーツ庁の鈴木大地長官にご登場いただきました。スポーツ庁発足以来、この5年の日本のスポーツ政策の実現に向けて、まさに獅子奮迅の活躍をされました。国際競技力の強化、若年アスリートの発掘、地域スポーツの推進、スポーツによる経済活性化と地域振興、大学スポーツ協会（UNIVAS）の創設、スポーツ団体のガバナンスコードの制定。これらは、鈴木長官のスポーツに対する熱い思いがなければ、成し得なかったと思います。

1 ［座談］スポーツ庁の設置と学校体育への期待

―今回お話しする人― 菊 幸一＋山口 香＋宮嶋泰子＋高橋修一

（2015年10月4日収録）

スポーツ庁設置とこれからの日本のスポーツ

友添 2015年の10月1日にスポーツ庁が発足し、学校体育はスポーツ庁へと移管されました。先進諸国では、学校体育は学校教育関係省庁に、その他のスポーツはスポーツ振興等を扱うスポーツ省庁で管轄されており、学校体育がスポーツ庁に管轄されることは、世界では前例がありません。その意味でわが国の学校体育は大きな転換点を迎えています。最初にスポーツ庁の設置の経緯や役割について、高橋さんからお願いします。

高橋 2011年6月に成立したスポーツ基本法に伴い、スポーツ庁設置に必要な措置を講ずる旨の規程を受け、スポーツ政策を総合的に推進していくためにスポーツ庁が発足しました。2020年の東京オリンピック・パラリンピック開催、2019年のラグビーワールドカップの自国開催を前にスポーツへの気運が非常に高まってきたこと、加えて健康政策について、健康寿命を延ばし、年間約40兆円にものぼる医療費を抑制する可能性を秘めたスポーツを一層推進していく必要性が高まってきたことが背景にあります。

スポーツ庁の行政組織は5課2参事官制です。その中の「政策課」では、事務の統括、政策の企画・立案を担います。「学校体育室」も政策課に入っており、学校体育はここで所管されます。その他の「健康スポーツ課」「競技スポーツ課」「国際課」「オリンピック・パラリンピック課（時限）」の各課があります。障がい者スポーツは「健康スポーツ課」が担うことになっています。参事官は「地域振興担当」と「民間スポーツ担当」に分かれます。おおよその組織構成は以上の通りです。

宮嶋　社会一般には、「オリンピック・パラリンピック大会が東京にくるからスポーツ庁ができる」というイメージが共有されていると思います。しかしそうではなく、最近はみんなのスポーツ、スポーツ・フォー・オールの理念やメッセージがよく発信されているな、という印象を受けます。また健康スポーツ課や地域起こしや民間スポーツを担当する参事官が設けられたことで、競技力の向上だけに邁進するのではないのだな、と期待しています。

山口　宮嶋さんがおっしゃるように、オリンピック・パラリンピックだけを扱う省庁ができたという印象を、一般の人だけではなく、体育・スポーツ関係者も受けているようです。このイメージを払拭していくために何を発信していくかが大事になってくるでしょうね。

友添 従来のスポーツ関連予算を見ると、競技スポーツが6〜7割、学校体育が2割、残りが地域スポーツに充てられていました。スポーツ庁が発足しても予算配分は競技スポーツ中心にならざるを得ないでしょう。

山口 横並びに5課2参事官制となっていますが、たとえば競技スポーツ課と国際課、政策課は必ず連携を取る必要が生じてきます。ここをうまく乗り越えていかなければ、今までと何も変わりません。それぞれの課が何をするかより、どううまく連携していくかがより大きな課題であり、期待したい点でもあります。

菊 確かに、内部に大きな課題を抱えていると思います。スポーツ庁発足にあたり、これまでの「スポーツ・青少年企画課」から「政策課」へと名称が変更されましたが、果たして複数の課が横並びに存在する中で、統合的な政策を打ち出せるのでしょうか。この体制を見た限りでは、うまくできるようには思えません。私はスポーツ庁とは一体何をするところなのか、どこで統括されて、どういうコンセプトを発信していくのか、その辺りをもっと明確にする必要があると思っています。

友添 各課が自分たちの管轄分野の権益を主張し合ってしまうと収拾がつかなくなります。スポーツ基本法で示されたスポーツの諸価値をどう実現していくか、もっと具体的に言うと、スポーツを通して日本の社会を発展させること、またスポーツそのものを日常生活の中で生きがいとする権利、いわゆるスポーツ権を担保していくことがスポーツ庁の大きな役割だと言えるでしょう。

（左手前から、高橋さん、菊さん、友添、山口さん、宮嶋さん）

教育とスポーツの狭間

友添　これからの時代、国から出された政策を国民がただ享受するのではなく、むしろ国民の側から要求し、提言していくことも必要でしょう。

宮嶋　その点に関して言えば、私は特にスポーツのサイドから発信・提言していくことも大事だと考えています。というのも、スポーツはまだ個々人でやっているという認識が強く、国にとって一体どういう役割があるのか、国民にとってどういう意味を持つのかが、学校でも社会でも十分教えられていないと受け止めているからです。

友添　国民にスポーツの意味や価値を伝える役割は、義務教育の一角である学校体育だからこそ担えます。私はスポーツ庁の設置に伴い、学校体育もそちらに移管するべきだと提唱しました。地域スポーツ、健康スポーツ、障がい者スポーツ、競技スポーツ、高齢者スポーツなどすべてのスポーツの根幹を担うのが学校体育であり、仮に学校体育のみ初等中等教育局に残ってしまうと、根が断ち切られてしまい、接ぎ木がうまくいかないだろうと考えたからです。

菊　今までは、文科省に設置された中央教育審議会で体育の学習指導要領の問題などが議論されてきました。つまり教育という枠組みの中に体育があり、その筋道で議論が進んできたわけです。しかし今後は、スポーツ庁に位置づけられる〝スポーツ審議会〟で議論が行われることになります。すると、社会の中の体育・スポーツの機能、生涯スポーツに向けた学校体育という観点でさらに深く、実質的な議論が進められるようにならざるを得ません。しかし、それはあくまで「スポーツ」というコンセプトからみた体育独自の目的ですので、教育の枠組み、他の教科と横並びで議論できることではありません。この辺りをどう交通整理していくかについて懸念を持っています。

高橋　これまでは中教審初等中等教育分科会で学習指導要領等の方針や全体的なことについて議論し、スポーツ・青少年分科会でスポーツ全般について議論していました。そして中教審にすべての分科会からの意見が吸い上げられていく構造でしたが、これからの中教審とスポーツ審議会の関係性がどのようになっていくかは、現在検討中です。

個人的には初等中等教育分科会の委員がスポーツ審議会の委員になることも考えられるのではないかと思います。

友添　スポーツ庁は文科省の外局、言わば文科省の組織の中に入るわけですから、教育基本法の規定を強く受けるでしょう。つまり、中教審の方向性と全く違う方向に進むことは考えられません。しかしここでややこしいのは、スポーツ庁はスポーツ基本法を重要な柱としていることです。

菊　学校体育室の基本的な考えが教育基本法にあるのか、スポーツ基本法にあるのかは非常に重要な問題です。どちら側に引っ張られるのか、覚悟を持って決めなければなりません。このことを考えるには、スポーツとは何なのか、体育とは何なのか、両者の関係はどうなっているのかについてこれから対社会との関係の中できちんと整理していく必要があります。

運動の二極化を克服する政策を

宮嶋　文科省の運動習慣の調査[*1]では、1週間の運動時間が1時間に満たない女子中学生が三分の一もいるとのこと。これは教育関係者だけでなく、一般の保護者の方が見ても驚愕する数字です。その子どもたちが果たして健やかな体と心を育んでいくことができるのか、非常に危機感を抱かざるを得ません。こうした深刻な状況にある今こそ、体育・スポーツのあり方を考える大きなターニングポイントにしていく必要があります。

友添　運動の二極化とよく言いますが、実際は運動をしない子が圧倒的に多いのが現実です。幼児の中には、靴ひもを結ぶことができない子や、階段を一段ずつしか降りられない不器用な子が少なくありません。幼少期の外遊び、運動遊びの喪失がその背景と言われます。しかし、運動施設を管轄する国交省とスポーツ庁がうまく連携をとっていけば、遊びの場を子どもたちに取り戻すことができるのではないでしょうか。

菊　私も同感です。運動の二極化は子どものせいではなく、大人の問題です。今の状況では運動遊びに消極的な子がますます増えていきます。その意味でスポーツ庁がハード面とソフト面の整備を推進していくことは非常に重要な任務です。

高橋　そうですね。地域振興を担当する参事官がいますが、そこで挙げられている喫緊の課題はスポーツを通じた地域起こしの支援とスポーツが行える場の創出です。その際に気をつけたいのは、何かイベントがあるから用意するのではなく、継続的に遊べる場、環境をつくっていくことです。

菊　イギリスなどにいくと、広い野原や草原だけがあり、特に何か器械や器具もあるわけではないのですが、ないからこそ自分たちでつくっていかなければならず、そこに面白さを見出していく様子がうかがえます。日本の場合、すべて大人がつくり上げてしまっているような気がします。

宮嶋　町中にある普通の公園でもキャッチボールさえできない、といった問題もありますね。

高橋　幼児期に多様な遊びを行っていると、小学校高学年になっても体力合計点が高いことが報告されていることなどから、幼少期の運動遊びの経験は非常に大切です。多様な遊びの経験を推進するには家庭との連携も不可欠です。学校体育室としても資料等を作成することとしています。

友添　日本全国でスポーツを行える公共施設が１９９６年から12年間で１万２０００カ所も減っています。およそ1年間に千カ所ずつ減ってきているということになります。これは、体育・スポーツの発展を考えた際に決定的なマイナス要因です。

菊　日本の体育施設の６割は学校の中にあると言われています。これはどこの地方、都市部にいっても体育施設があることを意味しています。明治以降の政策としてスポーツを体育として見てきたことに始まり、これまで学校開放をめざしてきたわけです。地域スポーツの担当参事官はいますが、まずは今ある学校を実質的なコミュニティ・スクール化、スポーツ施設として使いやすいような場にしていく方向に改善していくべきだと思います。

保健体育の学習指導要領はどうなるのか

友添　学習指導要領の次期改訂に向けたスケジュール[*2]はどのようになっているのでしょうか。

高橋　現在、中教審では教育課程企画特別部会を設置して、学習指導要領改訂の議論を進めています。翌２０１６年の８月には論点整理が取りまとめられ、今後各教科等で具体的にどういう方向性で進めていくのか、部会やワーキンググループを立ち上げて議論が始まります。そして審議のまとめを経た上で、２０１６年度中に答申を出すことをめざしています。同年度中に改訂も行われるという声を聞きますが、具体的な日程は未定です。

友添　山口さんは文科省の教育課程企画特別部会に出られていますが、その中の議論はどうなっていますか。

山口　各教科の話も出ますが、どちらかというと、未来を生きていく子どもたちにどういう教育を行っていくべきか、グローバル化や変化の激しい時代への対応力などの観点を中心にして議論されています。そういった人間づくりの基盤となるのが保健体育ではないかと私は発言しています。たとえばグローバル化の観点で考えると、自己発信ができるとか、トライ＆エラー、失敗を成功につなげていく力が求められます。保健体育はこうした能力の育成に貢献できる可能性があります。

菊　グローバル社会を生き抜く21世紀型能力の根本は未知なるものにチャレンジしていく資質にあると思います。その能力の育成には、失敗しても許容される環境がなければなりません。本来スポーツはそのような環境から歴史的に発明・発見されたものであり、体育にも最大限の安全を保障しながらそのような環境の可能性が求められます。

友添　国民医療費が約40兆円にのぼります。これは国民総所得の約３６０兆円の1割を超えています。それに対し、スポーツを通して7・7％、額にして3兆円程度の医療費が削減できる試算を出した研究があります。このようなスポーツの可能性を学校体育も積極的に発信すべきですね。

山口　特に、保健体育科での学びがどういうふうに自分の人生に関わっていくかを学校教育で教えていかなければなりません。自分の健康をどう捉えるか、地球規模の疾病、少子高齢化など、教科が担当すべき幅が広いことを意識してほしいです。

高橋　汗をいっぱいかいた、楽しかった、ということも大切です。しかしながら、何が身についたかわからない授業ではだめなんです。授業を通してどういう力を子どもたちに身につけさせるのかを明確にしながら授業を組み立てていく。そのために教員はどんな情報を持ち、どんな授業展開を構想するかを考えていかなければなりません。教員の準備は大変になりますが、教育のプロとしてぜひやっていただきたいと思います。

山口　日本人は謙遜感情からか、自分が下手だとわかると積極的に参加しなくなる気質があります。英語教育にも通底する問題で、体育の授業はこのような傾向を考慮しながら、子どもたちをフォローしていく必要があります。「苦手でも上手でなくても参加して、楽しめる」という感情を養っていくことができるはずです。

友添　ところで、障がい者スポーツが厚労省から文科省、そしてスポーツ庁に移管されました。これを学校体育でどう受け止めればいいのでしょうか。

菊　障がい者を支援することもさることながら、むしろ、障がい者に学ばなければならないことがたくさんあると思っています。たまたま発育期に障がいを負った、あるいは生まれながらにして障がいを負っているということと、私たちが長く生きていく中で、できていたことができなくなることとは、時間的なズレが生じているだけで、いつかは誰しもが障がい者になっていくことを意味します。その意味で障がいの引き受け方みたいなものを、障がい者から学んでいかなければなりません。このことこそ、かの嘉納治五郎氏の言う「自他共栄」の実現につながるのではないでしょうか。

宮嶋　障がいの有無を問わず、車いすでスポーツをしたり、ブラインドサッカーをしたりするのはこんな感じなんだ、という体験を提供していくのは素晴らしい取り組みだと思います。

しかし、私は長くパラリンピックの取材をしてきましたが、障がいのある人の中には外から見える部分だけでなく、内臓や他の部分にも障がいをあわせて持っている人が少なくなく、スポーツをすることが必ずしも体にいいとは限らないようです。競技スポーツをやったために命を落とされた方もいらっしゃいます。

友添　点滴を打ちながら試合に出る選手もいると聞いたことがあります。世間が思うほど、障がい者スポーツは甘いものではありません。

宮嶋　外から見える障がいの部分で、お互い助け合っていきましょうという理念は非常にいいのですが、学校体育でやろうとするならば、障がいのことを理解した専門性の高い教師が必要になってくると思います。

山口　教師に関して、私は体育を教える専門家がもっと必要だと考えています。小学校というもっとも運動に親しむべき時期に、体育の専科教員がいないのは問題ではないでしょうか。

高橋　小学校の教員採用試験から体育の実技をなくす自治体も増えてきているという話も聞きます。

山口　高学年の時点では、好き嫌いがはっきりしています。また、幼児期や小学校低学年からある特定の種目だけをやる子も増えてきています。この問題を政策としてどう対応するのか議論される必要があります。

友添　これまでの保健体育科では、科目保健に責任を持つ教科調査官は健康教育課に所属していました。それがスポーツ庁への移管に伴って、保健と体育の両調査官が同じ部屋で仕事をするようになりました。これまでより密に保健と体育が連携をとれるようになって、保健体育科がいい方向に変わっていくと期待できます。

菊　しかし、これまで密接につながっていたスポーツと健康教育、食育、安全教育が切り離された格好になったことにも注意しなければなりません。

運動部活動はどう変わらねばならないのか

友添　スポーツ庁の設置で運動部活動への期待が強くなって、アスリートの養成に主眼が置かれるのではないかと危惧しているのですが。

宮嶋　私たちの学生時代では、地域のスポーツクラブはありませんでしたので、運動するというと学校の部活動でした。そこで培った能力は競技力だけでなく、がんばることや仲間づくりなど教育的な側面が少なくありませんでした。このことを今の顧問の先生方がどれだけ意識して指導されているのでしょうか。

また、現代の運動部活動は総合型地域スポーツクラブなどとコラボレーションして取り組んでいく方向が好ましいと考えています。なぜなら、スポーツとは人生を豊かにするためにあり、生涯にわたって親しむものだと考えるからです。中高生の運動部活動も生涯スポーツという長い時間軸で考えれば、その一時期に過ぎないのです。

友添　私は、保健体育の教員免許を持つ正規の教員を「運動部活動コーディネーター」として運動部活動をコーディネートしていくことに加え、地域のスポーツクラブのコーディネートも兼ねるような配置をすればいいのではないかと考えています。場所は学校を使い、学校と地域のスポーツを人でつなぐという発想です。

宮嶋　それは体育の専科教員と同じようなイメージですか。

友添　そうです。ただし昼間の授業は持たず、部活動のコーディネートに専念します。

山口　日本の運動部活動でもっとも深刻だと思うのは、トップレベルの選手と、週に1回程度しか練習をしない選手が常に同じ土俵の上で戦わなければならない対外試合システムです。やる前から結果が決まっているような試合はどちらにとっても有意義とは言えません。ですので、同じレベルで楽しめるようなシステムや場をつくる必要があります。

高橋　私は高校の教員を20年間やっていて、部活動も当然担当していました。その時子どもや保護者の方に最初に言うのが「目標と目的は違います」ということです。具体的に言うと、「競技を通していい青少年になってもらう」ことが共通の目的で、試合に勝つことが目標の子もいれば、痩せたいという目標の子もいていいのです。勝つことももちろん意味はありますが、勝利を共通の目的にすると試合に勝ち続けなければなりません。そうするとスポーツを楽しみたい子は離れていってしまいます。どんな目的、目標を持って指導するかは非常に大きな問題だと考えます。

山口　そのためにも、すべての子どもに機会を与えることが大事ですね。野球部員150人などよく聞きますが、その中の何人が試合に出られるのでしょうか。その際、機会が得られない子を受け入れ、黙認し、3年間球拾いするのも人間形成のための教育だからという論理が押しつけられます。本心は試合に出たいに決まっているはずなのに…。ヨーロッパのサッカークラブの子どもたちが移籍するのは、試合に出たいからです。3年間同じところにいたから強くなったなんてことは絶対にあり得ません。強いチーム、弱いチームにかかわらず、試合に出て夢を持てるようなしくみが必要で、今の日本のシステムには大きな欠陥があると言わざるを得ません。

菊 地区大会から始まって、県大会、全国大会へと続く、負けたらそこで敗退というトーナメント形式がすべての大会で採用されていることが原因だと思います。やはりリーグ戦のような形式が適切なのではないでしょうか。また、同じ部活動内でもA級、B級、C級とレベル別に分けて、近隣の学校と力が拮抗した状態で競い合うことで、スポーツの本当の面白さを味わうことができます。部員全員が楽しめるようなしくみの構築こそが、学校教育としての運動部活動がめざすべきところでしょう。

友添 最近、リーグ戦形式を取り入れる試みも少しずつ出てきましたが、伝統を重んじてきた中体連や高体連の大会ではそうはいきません。スポーツ庁ができるこの契機に、ぜひ取り組みたい課題です。

オリンピック・パラリンピック教育をどう展開するか

友添 オリンピック・パラリンピック教育がこれから重要になってきます。

山口 その時代によってオリンピック・パラリンピック教育が持つ意味は異なってくると思います。

私はオリンピアンですが、現役時代にオリンピック・パラリンピック教育を受けた記憶がありません。現在は、ＪＯＣや多くの学校で行っていますが、当時はありませんでした。つまり、オリンピック・ムーブメント[*3]やオリンピック・パラリンピック教育はまだ始まったばかりなのです。

宮嶋　私は懸念を抱いています。オリンピック日本代表は勝つことが一番の目的になっており、ロンドンオリンピック（２０１２年）では、開会式で選手が行進を全うせずに引き上げてしまいました。これはオリンピック教育の理念から大きく外れた行為だと言わざるを得ません。

山口　確かにそう考えることもできますが、長時間にわたる開会式の参加は選手にとって大きな負担になっています。

宮嶋　開会式のあり方についての問題は全く同感です。しかし、現地で取材していて、他国の選手を見ていると最後まで参加している国も多くあるわけなんですね。もし東京オリンピックの時に日本が行ったことと同じことを他国からされたらどうでしょうか。選手側の視点から考えると、試合でベストのパフォーマンスを発揮するために、長時間の拘束を余儀なくされる開会式にはできれば出たくないと思っている選手も多いと思います。その中で日本の選手だけが先に帰ってしまったのは、少し残念に思いました。

友添　開会式のあり方がアスリート・ファーストではなく、ショービジネスの側面を強めていることは否めません。

宮嶋　さらにもう一つ懸念していることがあります。「オリンピック・パラリンピック」はいいものだという視点に立って教育に持ち込もうとしている印象を受けることです。現場で見た感想としてオリンピック・パラリンピックが必ずしもクリーンなものだったとは言い切れない部分もあります。光と影の両面をバランスよく扱っていくことが重要な課題でしょう。

友添　体育理論でオリンピック・パラリンピックの功罪を学習するような機会は保障されています。ただし現場では理想論で終わっている部分もあるかと思います。陽の部分と影の部分を伝えていくことは重要でしょう。

菊　1964年の東京オリンピック後にはインフラ整備や民間のスポーツクラブが立ち上がりました。では、2020年の後はどうなるでしょうか。一層高度化するスポーツを「競技スポーツ」が担い、一方で医療費の削減のためにスポーツをしましょうという運動・スポーツの健康化を「健康スポーツ」が担います。ではその間、狭間の部分は果たしてどうなっていくのでしょうか。この狭間の部分にこそスポーツを通して生涯アクティブに過ごすこと自体が楽しいと思う多くの人びとが存在します。もちろんそこには生涯スポーツを謳う学校体育を経験する多くの子どもたちも含まれます。そう考えると、結局スポーツとは何なのか。そのコンセプトの部分を今から考えていかなければ、ポスト・オリンピックに間に合わないのではないかと危惧しています。

友添　高橋さん、スポーツ庁にはこれほどの懸念と期待が入り混じっていますが。

高橋　本日は忌憚のないご意見をたくさん聞くことができて非常に勉強になり、改めて身の引き締まる思いを持ちました。運動やスポーツが大好きな子どもたちを育てる教育をしていくこと、そしてその子たちが大人になった時にスポーツが生き甲斐だと言えるような社会をつくっていくことに、微力ながら精進したいと思います。

2 ［対談］スポーツのこれからに政治が果たすべきこと

（2018年9月18日収録）

―今回お話しする人― 遠藤利明

友添 今回は、初代東京オリンピック・パラリンピック担当大臣（以下、オリンピック担当大臣）である遠藤利明さんと、東京2020大会およびポスト東京大会を見据えて、政治が日本のスポーツに対してどういう役割を果たすべきかについて議論していきたいと思います。

まずは遠藤さんを簡単に紹介させていただきます。現在、東京オリンピック・パラリンピック競技大会組織委員会の会長代行、超党派のスポーツ議員連盟幹事長などを務められており、日本のスポーツ政策におけるキーパーソンの一人と言えます。また、これまでに文部科学副大臣、初代オリンピック担当大臣、自民党スポーツ立国戦略調査会長などの主要なポストを歴任されています。さらに、体育・スポーツ分野に限らず教育全般に造詣が深く、自民党教育再生実行本部長を務められ、教師養成のあり方の見直しや英語教育の充実にも取り組んでこられました。

トップスポーツは強くなければならない

友添　では、本題に入っていきたいと思います。2018年のアジア大会（第18回インドネシア大会）で、日本選手団は75個の金メダルを獲得しました。遠藤さんはこれをどのように評価されていますか。

遠藤　「よくがんばった」と思っています。最近のアジア大会でのメダル獲得数は、中国・韓国に次ぐ3位が定位置。それが今回は韓国を抜いて、6大会（24年）ぶりの2位になりました。獲得したメダル205個は歴代2位の記録でもあります。この結果が東京2020オリンピックの弾みになったのはもちろん、多くの国民がスポーツに関心を持つきっかけにもなったのではないかと思います。

友添　ここ数年で、わが国の国際競技力は一段上のレベルに上がったように感じます。

遠藤　それには2011年に制定されたスポーツ基本法[*4]が大きく影響していると思います。この法律では国や地方公共団体に競技力向上を図る責務を、スポーツ関係団体にはその努力義務を課しています。簡単に言えば、この法律によって国や地方公共団体が責任を持って競技力の向上に努めるというシグナルが発信されたのです。

友添　スポーツ基本法制定の背景には、トリノオリンピック（2006年）の惨敗があったとか。

遠藤　トリノ大会から半年後の2006年9月に文部科学副大臣に就き、スポーツ行政を担当することになりました。そこでトリノ大会に関する様々な資料を見ていくと、大会前は十数個のメダル獲得が予想されていたにもかかわらず、金メダル一つ、という結果でした。何より残念だったのは、夢や

感動を与え人々を元気にする、といったスポーツの持つ力を国民に広く届けられなかったことです。

友添　オリンピックが盛り上がるには、日本選手団の活躍が欠かせないということですね。

遠藤　実はこれに近い経験をしたことがあります。1985年、私がまだ山形県議会議員を務めていた頃の話です。夏の甲子園大会で山形県代表の東海大山形が桑田・清原擁するPL学園に7対29という歴史的大敗を喫しました。この時県内はもちろん、県外の山形県出身者からも「情けない、何とかしてくれ」という声が届きました。それを聞いた私は、高校生の試合において勝ち負けがすべてではないと思いながらも、スポーツの持つ力で山形を元気にするためには競技力の向上が不可欠であろうと考え、県議会で県内の高校野球のレベルアップを図るための提言を行うようになりました。

友添　県議会の場で高校野球が議論の俎上に上がる

のは異例のことだったので、当時は多くのメディアで取り上げられていましたね。

遠藤　今でも新聞記者に「あの時の議会での質問の意図は何だったのか」と尋ねられるくらいです(笑)。

友添　遠藤さんの「日本のスポーツ振興のためにはトップスポーツが強くなければならない」という信念がかたちづくられた背景が見えてきました。

遠藤　山形での出来事を思い出すくらいに無念を感じたトリノオリンピックがあった年の秋に「スポーツ振興に関する懇談会」を立ち上げました。有識者を集めて勉強会を重ね、そのまとめとして提出したのが「スポーツ立国ニッポン―国家戦略としてのトップスポーツ（「スポーツ振興に関する懇談会レポート」）」（2007年公表）です。

友添　「遠藤レポート」と呼ばれるものですね。その中にある「国家として取り組む以外に、世界のトップスポーツの中で日本が成功する道はない」という一文が私にとって大変印象的でした。これこそが、スポーツ立国戦略の原点であり、スポーツを国家経営の重要な柱とすることを決定づけたと言っても過言ではないと思います。

スポーツ基本法の制定から東京2020大会まで

友添　遠藤レポートの提出からスポーツ基本法制定までの流れをお教えいただけますか。

遠藤　このレポートを提出した後、自民党内にスポーツ立国調査会が設置され、麻生太郎さんが初代会長に、私は事務局長を仰せつかりました。しかし、当時は（学校体育を除いて）国の「政策」としてスポーツに取り組む必要があるのかという懐疑的な声が至るところから聞かれました。スポーツは好きだし面白いものだけれど、あくまでも遊びの延長だろうと。また、その時のスポーツに関する法律と言えばスポーツ振興法がありましたが、とても時代に合っているとは言い難いものでした。このままでは、いつまで経っても日本のスポーツ振興は前に進まない。この状況を変えるには、今の時代に沿ったスポーツのバイブルが必要だということで、スポーツ振興法に代わる新たな法律をつくろうとする動きを起こしていきました。

友添　法律をつくるのは、大変な作業だったのではないですか。

遠藤　そうですね。はじめはスポーツ振興法を見直すところから始めましたが、そこには女性スポーツもパラスポーツもアンチ・ドーピング[*5]も書かれていませんでした。また、法律はつくって終わりではなく、誰が担当するのか、つまり執行する機関を決めなければなりません。ところが、当時のスポーツ行政は管轄が各省庁にまたがっていて、言わばバラバラの状態。こういったことから、スポーツを一元的に管理する省庁、すなわち、今のスポーツ庁のような組織が必要だろうと考えるようになりました。しかし、この頃はちょうど行政改革が行われていた時で、新しい省庁の設置を認めてもらうには大変厳しい時代でした。そのような中でスポーツ庁が必要だということを広く理解してもらうためには、何か大きなきっかけがほしかった。それが２０１６年の東京オリンピック・パラリンピックの招致だったわけです。残念ながらその年はリオに敗れてしまいましたが、次の2020年にも続けて立候補し、招致に成功することができました。

友添 遠藤レポート、自民党スポーツ立国調査会、スポーツ基本法、スポーツ庁、そして東京2020オリンピック・パラリンピックが一つの線でつながっているということですね。

スポーツと政治の距離感

友添 少し視点を変えて、スポーツと政治の距離についてうかがっていきます。政策としてスポーツを扱おうとすると、否応なしに両者の距離は近づいてくるのではないかと思うのですが、その点についてはどうお考えでしょうか。

遠藤 スポーツ関係者だけではなく、国会議員の中にも、モスクワオリンピックのトラウマを抱えている人が少なくありません。その経験から、国会議員がスポーツ関係団体に関わることはあっても、お互いにどこか超えてはいけない一線があって距離を置いている、といった状況がありました。予算を通して支援はするけれど、具体的な政策レベルで関与すべきではないと。

友添 スポーツ発祥国であるイギリスでは〝Support But No Control〟と言われ、援助はするけど管理はしないことが是とされていると聞きます。他方で、全柔連の暴力問題、日大アメフト問題、全剣連の居合道昇段の不正、レスリング協会や体操協会のパワハラ問題、ボクシング連盟の助成金問題…

挙げればきりがないほどに、スポーツ界のコンプライアンスに関わる問題が噴出しています。こういった状況を受けて、スポーツ庁がガバナンスの強化にタッチすべきだという声も聞こえてきます。

遠藤　基本的には競技団体の自主性・主体性の尊重が大事で、政治が主導してそれらの問題の解消に取り組むべきではないと考えています。しかし、だから何もしなくていいとはなりません。現在進行形で生じている問題に対して、政治や行政（スポーツ庁）がどういった権限を持って支援・指導できるようにするのか。今後そういったことは議論していかなければならないでしょう。

地域スポーツ・学校体育と政治

友添　地域スポーツの振興には、サッカーくじ「ｔｏｔｏ」が大きく貢献していると言われますが、そのしくみづくりを中心的に行ったのも遠藤さんでしたね。

遠藤　もう20年前になりますが、１９９８年に「スポーツ振興投票の実施等に関する法律」（通称：投票法）をつくりました。これを制定するまでには5年以上の月日を要しましたが、最終的には、２００２年のサッカー日韓ワールドカップの開催の決定が大きな契機になり、何とか法律を通すことができました。しかし、法律をつくったはいいものの、なかなか軌道に乗せることができずに、２００６年には２７０億円もの借金を抱えてしまっていました。その年の売上が１３０億円だったにもかかわらず、です。これはもう廃止しかないと思いましたが、最後の大勝負で1等6億円のくじ

「ＢＩＧ」をつくりました。すると、８カ月後には６億円が７本出た。これを知った新聞やテレビは大フィーバー。そのおかげで、報道のあった直後の週末には２日間で36億円の売り上げがありました。結局その年は６３７億円の売上を達成するに至ったのです。

友添　最後の賭けに勝ったわけですね。しかし、もしサッカーくじが倒れてしまっていたら、今の日本のスポーツの風景は大きく変わっていたと思います。

遠藤　そこからしくみを少しずつ修正しながら、現在は安定して年間約１０００億円の売上を計上しています。今年はその中から約２３０億円が選手の強化やスポーツ施設の整備、地域スポーツの振興への助成等に充てられています。

友添　最後に、学校体育についても、お話をうかがっていきたいと思います。

遠藤　日本の学校体育は世界に誇れるシステムだと思います。しいて言うならば、もう少しスポーツの楽しさを子どもたちに伝えてもらえるといいのではないかと思います。減少してきているようですが、体力向上を名目とした訓練的な体育授業が中心になりがちな現状もあるようです。学校体育は子どもたちが初めてスポーツに触れる場です。そこで「楽しい」という思いを感じさせることができれば、その先も長くスポーツに関心を持ってくれるのではないでしょうか。

友添　小学校には体育の指導が苦手な教師が少なくありません。それは、教科書がないことが原因ではないかという指摘もあります。

遠藤　教育予算との兼ね合いもあり一概には言えませんが、他の実技系と言われる教科にはあるのに、体育だけないのはどうなのだろうと思いますね。

友添　もう一点、スポーツの楽しさにより早い段階から触れてもらうには、小学校における体育の専科教員制を導入してみてはどうだろうかと考えているのですが。

遠藤　基本的に賛成です。今は昔に比べて成長過程が早まっていると言われています。そう考えると、5・6年には専科制、あるいはTT[*6]による授業を導入しようとする議論が必要なのかもしれません。ただ、私は一番のベースは小学校の1〜4年生までの4年間だろうと考えていますので、これらの学年についても、体育・音楽・図工などは専科制やTTの導入を検討してほしいという思いがあります。

友添　学校体育に関連して、運動部活動についてはどうお考えでしょうか。

遠藤　生徒も先生も勝ち負けにこだわり過ぎている状況があるように思います。一方で、少子化で団体種目のチームが組めないところが出てきていたり、教師に負担がかかり過ぎていたりするシステムのあり方が問題視されています。これは変えていかなければなりません。

友添　全く同感です。地域スポーツと学校の部活の連携を考えることが、ポスト東京２０２０に向けて喫緊の課題ではないかと考えています。

遠藤　２０２０年までは、国民のスポーツへの関心が高まり、多くの自治体でスポーツ振興の予算がつくでしょう。しかし、その後同じだけの予算がつくかはわかりません。であるからこそ、持続可能なしくみを今のうちにつくっておかなければならないと思います。

友添　話は尽きませんが、時間がきてしまいました。本日はありがとうございました。

3 ［対談］日本のこれからのスポーツ政策のゆくえ

―今回お話しする人― 鈴木大地 （2018年6月15日収録）

友添 2020年の東京オリンピック・パラリンピックを前に、日本の体育・スポーツ政策は今、どこへ向かおうとしているのでしょうか。現状の問題点と課題の整理、及び今後のスポーツ政策のゆくえについてお話ししていきたいと思います。

あまり知られていないスポーツ庁という組織

友添 スポーツ庁が発足して約3年が経過しました。長官としての3年はいかがでしたか。

鈴木 振り返る余裕もないほどに忙しくも充実した3年でした。

友添 スポーツ庁が設置されたことは知っているけれど、実際に何をやっているのかがわからないという人も少なくないようですが。

鈴木　以前、とある講演会で「今日初めてスポーツ庁がどのような役割を果たしているのかがわかりました」といった声をいただきました。このように私たちの仕事の中身がまだ十分に周知されていない事実をしっかり受け止めて、丁寧に説明をしていく必要があると思っています。スポーツ庁は、発足当時から5課（政策課、健康スポーツ課、競技スポーツ課、国際課、オリンピック・パラリンピック課）2参事官（地域振興担当、民間スポーツ担当）という体制で、それぞれの職務に取り組んでいます。

友添　一般の方にとって、あまりなじみがないと思われるものの一つが「国際課」です。

鈴木　簡単に言えば、オリンピック・パラリンピック以外の多くの国際的な職務を担当しています。ユネスコ・日中韓・日アセアンなどの枠組みにおける各国とのスポーツ外交はもちろん、国際競技大会の招致、アンチ・ドーピングなども担当しています。

友添　では、「競技スポーツ課」と「オリンピック・パラリンピック課」の違いは何でしょうか。

鈴木　競技スポーツ課が競技力向上をねらいとしているのに対して、オリンピック・パラリンピック課はどちらかというと大会の運営面を担当している、とご理解いただければと思います。

友添　2参事官についても簡単に教えてください。

鈴木　この二つの参事官は、文科省時代には存在していませんでした。スポーツによって地域を活性化したい、またスポーツビジネスをさらに盛り上げていきたいという意味で設置されたものと捉えています。

友添　個人的な意見で恐縮ですが、スポーツ庁が設置されてから、庁内の雰囲気が非常に明るくなったように感じています。

鈴木　そう言っていただけるのは嬉しいですね。スポーツ庁には、大学、地方自治体、独立行政法人、民間企業、他省庁など様々なバックグラウンドを持つ職員がいます。その意味で、スポーツ界にだけでなく、霞ヶ関全体にもこれまでにない新しい風を吹かせていければいいなと思っています。スポーツにはもとより元気・さわやかといったイメージがあります。そうであるならば、それを扱うわれわれが元気で明るい存在であることが第一だと考えています。

1億総スポーツ社会!?

友添　スポーツ庁の政策の根幹は「スポーツ基本計画」にあると思います。そのスポーツ基本計画も2017年度から第二期（～2021年度まで）に入り、四つのキャッチコピー（・スポーツで「人生」が変わる・スポーツで「社会」を変える・スポーツで「世界」とつながる・スポーツで「未来」を創る）を掲げ、最終的には1億総スポーツ社会の実現をめざすことが謳われています。一方で、働き盛りの世代のスポーツ参加率が非常に低調であるなどの指摘もあります。

鈴木　それを改善するための大きな取り組みの一つに「Fun＋Walkプロジェクト」があります。これは、ビジネスパーソンを対象に、普段の生活（ルーティン）の中に運動・エクササイズを取り入れてもらおうというものです。一駅前で電車を降りて会社まで歩く、会社内で階段の昇り降りをするなどがその例です。新しいスポーツを始めたり、スポーツジムに通い出したりするのは多くの方にとってハードルが高い。そのような方たちにも少しの時間でいいから楽しくスポーツをしてもらいたい。そしてより健康になってもらいたい。そんな願いが込められています。そのために、動きやすい服装・シューズ・リュックなどでの通勤を推奨しています。

友添 スーツを着て足元はビジネスシューズというビジネスパーソンがほとんどの現状に対する、鈴木長官の挑戦のようにも受け取れるのですが。

鈴木 スポーツ用品の研究・開発が進んできて、シューズをはじめ、体への負担を軽減する各種グッズが販売されています。このようなスポーツ界が持つノウハウをぜひたくさんの方々に利活用してほしい。当然TPOはありますが、リラックスした格好、着心地のよい服装で働くことが柔軟なアイデアが求められる今の時代には合っているのではないかと思います。

友添 別の視点として、平成27年度のデータでは国民総所得が約388兆円であり、その1割以上（約41兆円）を医療費が占めているという現状があります。各家庭の収入の1割が医療費に消えていると考えると、厳しい現実だと言わざるを得ません。こうした政策的な課題に対して、スポーツは重要なツールになってくるのではないかと思うのですが、その点はいかがでしょうか。

鈴木 スポーツ庁が設置された当時から、国民医療費の高騰は大きな問題として受け止めてきました。最近では、厚労省とスポーツ庁で連携会議を始めるなど、政府で一体となって健康行政を前向きに進

めていこうとする気運が高まってきています。日本の医療が世界トップレベルであることは言うまでもありませんが、一番いいのは「病気にならない」こと。予防医学という面で、スポーツは大きく貢献できると思います。

友添　1億総スポーツ社会といった時、これまでスポーツにアクセスしづらかった人、具体的には障がいのある方がスポーツへいかに参画するかを考えることも大切になってくると思います。

鈴木　障がい者スポーツは、従来厚労省で扱われてきましたが、スポーツ庁へ移管されました。それによって、オリンピックとパラリンピックが並列に扱われるようになり、とりわけ障がい者スポーツのトップアスリートから好意的な声が聞かれるようになりました。今後は、障がい者スポーツをメディア等を通じて広く知っていただくよう努力するとともに、それを見たり知ったりした人が、自分もやってみようと思えるような環境整備に取り組んでいく必要があると考えています。

持続可能な競技力の向上に向けて

友添　東京２０２０オリンピック・パラリンピックを控えるわが国にとって、競技スポーツへの関心は非常に高まっているように思います。リオオリンピックでは過去最多のメダルを獲得、パラリンピックでも前回大会を大きく上回るメダルを獲得するなど、東京２０２０大会に向けて明るい材料が多いように見えます。一方で、ロンドンオリンピック（２０１２年）では13競技でメダルを獲得できていたところ、リオオリンピック（２０１６年）では10競技に留まっていた。つまり、柔道・レスリング・水泳・体操・バドミントンなどの狭いところでしかメダルが獲れていないという事実もあります。これに対して、スポーツ庁では「鈴木プラン」[*7]なるものを提案されているようですが。

鈴木　わが国が得意な競技をさらに高めていくことに加えて、メダルを獲得できる競技数を増やしていこうという計画です。ＪＯＣ、ＪＰＣ、ＪＳＰＯ、ＪＳＣにも協力いただき、すべての関係者が一体となって国際競技力の向上をめざしています。わが国の主たるスポーツ団体が連携・協力することで、これまでよりもコミュニケーションがスムーズに図られ、効率よく選手強化にあたれるようになってきているのではないかと感じています。

友添　昭和37（1962）年には約600万の中学生がいましたが、現在はその約半分になっています。こうした明らかな少子化は今後どのような影響を及ぼしそうですか。

鈴木　少子化と言えど、われわれは競技力を維持・向上させていかなければなりませんから、より効率的な選手の発掘・育成・強化が必要になってくるでしょうね。スポーツ庁では未来のアスリートの発掘に向けて、競技転向などによって自分により合った競技で世界をめざせる新しい取り組みとして「ジャパン・ライジング・スター・プロジェクト（JSTARプロジェクト）」[*8]を立ち上げるなど、持続可能な選手強化のあり方を模索しているところです。最近は、大学スポーツの改革にも取り組み始めています。

友添　日本版NCAA構想[*9]ですね。

鈴木　日本版NCAA構想には、中体連、高体連はあるのに、なぜ大学スポーツを統括する団体がないのかという問題意識が背景にあります。さらに言えば、大学スポーツに取り組む学生の安心・安全をいかに確保していくか、勉学との両立が可能な環境をどのように整えていくかが大きな課題と言えます。

友添　難しいのは、日本の大学は自治権を持っていて、さらにその運動部は大学当局からも治外法権的な存在にあることだと思います。このような状況で、大学スポーツを統括する組織をつくったところで果たしてうまく機能するのか、また、日大アメフト問題をはじめ、大学スポーツでリアルタイムに生じている問題に日本版NCAAは何ができるのかということも問われてくるのではないかと思います。これに対する長官のご意見をお聞かせいただけますか。

鈴木　大学スポーツが教育活動の一環であることを考えれば、大学側が運動部をほったらかしという状況は改善されなければならないでしょう。各大学には運動部を統括するスポーツ・アドミニストレーターの設置を促していきます。大学と運動部はより一体的に取り組んでいくことが求められるようになると思います。

友添　ガバナンス的な側面以外で日本版NCAAに期待されていることはありませんか。

鈴木　大学の施設・人材の有効活用につながるのではないかと考えています。運動部に所属する学生が地域の小・中学生を上手に指導しているような話も聞いたことがあります。大学の取り組みが地域へ還元される、そして大学が地域からも応援してもらえる、このような好循環を生み出すことで、大学が地域スポーツの核になることをめざしたいと思っています。

学校体育に期待すること

友添　2017年に小・中学校学習指導要領、2018年に高等学校の学習指導要領が改訂されました。私個人としては、今回の改訂は「スポーツ嫌いをいかに減らしていくか」に向き合った改訂だったのではないかと思っています。

鈴木　スポーツ基本計画で、スポーツ好きを増やし、スポーツ嫌いを減らすことを目標に掲げたところ、相当数の反対の声があった。「スポーツ嫌いはほっといてくれ」と。正直これには驚きました。私自身も含め、こういう仕事をしているとどうしてもスポーツ愛好者と接する機会が多いですからね……。そこで、実際に嫌いという人の声の分析をしてみると、どうもスポーツ嫌いは「体育嫌い」に起因していたことがわかりました。小・中・高の体育授業を提供する立場として謙虚に反省をし、よりよいかたちに変えていきたいという思いを込めて、今回の学習指導要領の改訂作業は進められました。

友添　運動をする子としない子の二極化が問題視されていますが、どうも半々ということではなく、しない子の方が圧倒的に多いのではないかと思います。そう考えた時、スポーツという概念そのものを変えていく必要があるのではないでしょうか。体育教師は、言葉ではスポーツは勝敗を競っているだけではないと言いながらも、競技スポーツの経験があるが故に、どうしても勝つことや技術の向上を前面に押し出した指導をしてしまうことがあるようです。

鈴木　競争や技術向上のすべてを否定するわけではないのですが、学校の保健・体育は生涯にわたってスポーツを楽しめる礎をつくることを第一の目標に掲げています。その意味で、体を動かすこと本来の楽しさを味わえるような、またスポーツの効果・効能を知ることができるような、そんな授業のあり方を模索していく必要があるのだと思います。

友添　話は尽きませんが、この辺で終わりにしたいと思います。ありがとうございました。

〈注〉

1 文科省は全国的に子どもの体力や運動能力の現状を把握・分析するために、小学校5年生と中学校2年生を対象に、毎年、「全国体力・運動能力、運動習慣等調査」を行ってきた。調査結果では、一貫して運動する子どもと運動しない子どもの二極化現象が指摘されてきた。特に中学校女子は運動習慣の二極化が顕著である。

2 座談時には未定であったが、平成29（2017）年・平成30（2018）年に改訂告示された新学習指導要領は、各校種による移行期を経て、小学校では2020年度、中学校では2021年度から全面実施される。また高校では2022年度入学生から年次進行で実施される。なお、改訂の主なポイントは、「主体的・対話的で深い学び（アクティブ・ラーニング）」を重視することで、「知識・技能」「思考力・判断力・表現力等」「学びに向かう力・人間性等」の三つの柱からなる子どもの資質・能力を育むことに置かれる。なお、小学校の体育科、中学校の保健体育科では、オリンピック・パラリンピックに関連して、スポーツの意義の理解が重視される。

3 一般に、オリンピック・ムーブメントとはオリンピックの理想（オリンピズム）を世界中の人々に理解してもらう活動のことである。また、ここで言うオリンピズムとは、人々がスポーツを通して健全な心身を培い、人種や国籍などの違いを超えて、フェアプレイの精神で友情や連帯を育み、平和でよりよい世界を実現することである。このようなオリンピック・ムーブメントを支える柱の一つとしてオリンピック・パラリンピック教育がある。

4 1964年に開催された第18回東京オリンピックの開催決定後に出されたスポーツ振興法は、長らく改訂されずにきたため、現実のスポーツ状況との間に大きなズレが生じるようになっていた。そこで、議員立法によって提出されたスポーツ基本法が2011年に新たに制定され、社会におけるスポーツの意義や重要性、スポーツ権を謳うとともに、障がい者スポーツやプロスポーツを包括したスポーツの一層の振興・推進、アンチ・ドーピングの重要性、スポーツ産業との連携、国際競技会誘致等が条文化された。

5 障がい者スポーツ全般を指して用いられる。

6 TTとは「ティームティーチング」の略語で、二人以上の教員がチームを組み、協力して授業の指導にあたることを言う。たとえば、体育の授業では一人（「T1」という場合がある。）の教員が技を子どもに示範し、もう一人の教員（「T2」という場合がある）が技のポイントを子どもにわかりやすく解説・説明する等の授業が見られる。

7 2016年10月にスポーツ庁から出された「競技力強化のための今後の支援方針（鈴木プラン）」では、オリンピック・パラリンピックを一体的に捉え、東京2020大会だけではなく、中長期で日本の国際競技力向上を支援するシステムを確立することを目的にしている。ここにはアスリート発掘や女性アスリートへの支援強化の重要性も謳われている。

8 「ジャパン・ライジング・スター・プロジェクト」は、2016年10月の「鈴木プラン」のアスリート発掘への支援強化を受け、2017年度から日本体育協会（現日本スポーツ協会）が、将来、世界で活躍できる有望なアスリート候補（パラアスリートを含む）を全国的に発掘することを目的に始めた事業である。中学生、高校生年代が対象で、このプロジェクトで発掘された者は各NFの強化・育成コースをめざすことになる。現状では、このプロジェクトの修了生が各年代の大会で優秀な成績を上げるなど、成果が表れ始めている。

9 文科省は2016年4月に、大学スポーツが潜在的に有する人材育成機能や経済活性化、地域貢献の可能性を発揮させるために、文科大臣の下に「大学スポーツの振興に関する検討会議」を設置した。その後、スポーツ庁に設置された学業充実、安心安全、マネジメントの三つのワーキンググループでアメリカのNCAA（全米大学体育協会）を参照しながら、全国組織設立のための具体的な検討が重ねられ、設立準備委員会を経て、2019年3月に一般社団法人・大学スポーツ協会（略称UNIVAS）が設立された。UNIVASは2020年5月1日現在、222大学、34の競技団体が加盟している。

第3章

スポーツ・インテグリティを構築するために

―第３章ナビゲーション―

　２０１２年12月に起こった部活指導者の体罰による大阪の高校生の自殺は、大きな社会問題となりました。また、それより少し遅れて発覚した女子柔道ナショナルチームの監督による暴力行為は、競技団体等の対応の遅れもあって社会的な批判を招きました。これらの問題を契機に、わが国のスポーツの指導場面における様々なレベルでの体罰や暴力、ハラスメント行為が明らかになりました。このような状況を受けて、時の文科大臣は、「日本のスポーツ史上最大の危機」と捉え、暴力根絶へ向けての緊急メッセージを出しました。しかし皮肉にも、本章の最初の座談で触れていますが、これ以降、日本のスポーツ界には一層インテグリティを脅かす多くの問題が起こりました。

　朝日新聞記者の潮さんは、スポーツ界（競技団体やアスリート、スポーツ関係者）の倫理的な逸脱問題を丹念に取材されていらっしゃいますが、座談に登場いただいた時にはちょうど、ＪＯＣの竹田恒和会長（当時）の東京オリンピック招致に絡んだ収賄問題が発覚した時期で、その進退が問われている頃でした。と同時に、多くの倫理的問題が発覚したＮＦに対してそのガバナンスのあり方が問われ、スポーツ庁のスポーツ審議会でスポーツ団体のガバナンスコードの作成が進行している時期でもありました。座談では、このようなスポーツのインテグリティを脅かす行為が多く起こる原因の一端には、２０２０年の東京オリンピック招致決定とそれに続く、多額の強化費の投入や選手強化のあり方の問題性が関係するのではないかと話が及んでいきます。潮さんは、オリンピックを活用して日本の社会をどう変えていくのか、という発想が抜け落ちたまま走ってしまっていることに大きな問題があると述べ、オリンピック・パラリンピックを何のために日本でやるのかを考えるべきと指摘します。2020年の東京オリンピック・パラリンピックが延期になった今だからこそ、この潮さんの指摘を重く受け止め、このことを各自で考えてみる必要があるのではないでしょうか。

後半の座談に登場いただいた佐伯年詩雄さんは、スポーツ社会学者として筑波大学で長く教鞭をとられ、また多くの著作を通して、スポーツの人文・社会科学の研究者に大きな影響を与えてこられました。さらに、体育の民間教育研究団体のリーダーとして、日本の学校体育を主導されてきました。佐伯さんは、歴史社会学的な視点からオリンピックや現代スポーツの問題性を鋭く指摘されます。大衆化した現代スポーツは近代スポーツが持っていた従来のモラルスタンダードとは異なるスポーツの世界になっているにもかかわらず、現代の私たちがスポーツの成長モデルを変えないでいることの問題性を提起します。そして、社会やスポーツがダウンサイズしていく今という時代のスポーツモラルを考える重要性を主張されています。また、佐伯さんは日本には結局市民社会が形成されることがなかったし、したがってまた市民は不在で、国家（行政）との関係では、国民・住民だけが存在する以上、スポーツを下から推進する市民スポーツも、市民スポーツのモラルも生まれ得なかったと話されました。ともすれば、スポーツをビジネスの論理だけで語ろうとする風潮の中で、佐伯さんがお話しくださった論点は、現代スポーツが多くの問題を抱える今、とても貴重なものだと思います。

1 [座談] スポーツ・インテグリティの確保に向けて

―今回お話しする人― 潮 智史＋清水 諭

（2019年4月4日収録）

JOC竹田会長の辞任

友添 最近の日本のスポーツ界では、高潔さや健全性を意味する〝インテグリティ〟[*1]の危機を思わせるような不祥事が相次いで起こりました。なぜこのような事態が起こったのか。朝日新聞の潮さんをお招きして、特にNFをはじめとするスポーツ団体のガバナンス[*2]に視点を置いて、スポーツ・インテグリティの確保に向けて何が求められているのかを議論していきたいと思います。

様々な事案の中に、JOCの竹田恒和会長の辞任の問題[*3]があります。この問題について、取材を通してのお考えをお聞かせください。

潮　「定年延長してまで、なぜそこにしがみつくのか」と最初に感じました。また、フランス司法当局から調べを受けていることに対する感度の鈍さというか、「これはもしかしたら大変なことになりかねない」という捉え方がどうしてできなかったのかと思いました。

友添　竹田会長はどのような捉え方をされていたのでしょうか。

潮　とても楽観的に事態を見ていた、その割には情報収集が非常に鈍かったという印象を受けました。これからこの事態がどう推移していくのかという見極めをする前提となる情報収集が、特にＪＯＣの中で非常に鈍かったというのが強く印象に残っています。

友添　竹田会長は２０１９年3月に辞任を表明されたわけですが、1月15日の記者会見では、メディアからの質問にお答えにならなかった。当時はやり過ごせるのではないかとお考えになられたということでしょうか。

潮　あの会見を開く段階になって、ＩＯＣから「あまり余計なことはしゃべるな」という、圧力というか、やりとりがあったということがわれわれの取材の中でわかっています。それがあったからこそ、「ＩＯＣにはめられた」みたいな声も聞こえてきます。7分間の会見で質疑応答せず、自分は潔白だという主張だけをして詳しいことは語らない。この会見がＪＯＣ会長辞任の決定打になったのは間違いないと思います。ＪＯＣなり竹田さん側が日本の国民にきちんと説明する責任があるとＩＯＣに対して押し返して、話せる範囲できちんと質疑に応じることができなかったことは残念でした。

友添　竹田会長が東京２０２０オリンピック・パラリンピックの招致委員会の理事長を務めていた時

に、彼がコンサルティング料という名目で200万ユーロ、日本円で2億2〜3000万円と言われている金額の支払いの決済をしたということですが、彼一人だけで決めるということはあり得ないと思います。何人かがチェックをして支払ったと考えるのが妥当でしょう。

潮　われわれで言う〝取材の裏〟が取りにくい話ではありますが、竹田さんの、何も知らないし契約の内容にも関与してないという説明は、一般的な感覚からすると、それでサインなり判を押すということは考えられないし、むしろ無責任な話になります。竹田さんの説明の中でも、コンサルタント契約が招致に有益だというやりとりをしていたことは認めているわけで、身の潔白を主張されるのであれば、契約に至る経緯を明らかにしなければいけないのではないでしょうか。

友添　招致委員会も一つのスポーツ団体として捉えた時に、この団体にはインテグリティという側面で問題があったと現状では思わざるを得ない。そもそも、歴史的に見ても、招致に関わって、様々な問題がオリンピックにはつきまとっています。長野オリンピック（1998年冬季）では、帳簿を会計担当者が自分の家の庭で燃やしたという話が残っていますし、ソルトレークシティオリンピック（2002年冬季）では不正に関わったIOC委員を追放しています。IOCそのものは、招致に関わるスキャンダルに対して非常に敏感であると思うのですが、今回の事案と同じようなことが前回のリオオリンピック（2016年夏季）でも起こっていて、当時のブラジルオリンピック委員会の会長が大会後に買収の疑いで逮捕されました。端的に言うと、IOC側の思惑とは別に、オリンピックを取り巻く委員や様々なステークホルダーがいる以上、IOC、あるいはオリンピックそのものの病根、あるいは宿痾のようなものだと思ってしまうのですが。

潮　竹田さんは、「お金をばらまきます」「買収します」という具体的な言葉でやりとりしてはいなかったとしても、コンサルタントの会社にこれだけの額を払うことがどう有効なのかという話はしたでしょうし、お金の使い方として、はっきりとは言えないものだという認識はあったのではないでしょうか。長い歴史の中で、ＩＯＣはそういったことに対して見て見ぬ振りをしてきた部分がある。当然ルールを厳しくしたり、投票の仕方を変えたりしてはいますが、すべてをクリーンにしていくのはなかなか難しいと思います。一方で、オリンピックは招致の熱が世界的に冷めてきている。[*4] ＩＯＣはこの問題に神経質になっているのは間違いありません。

友添　オリンピック招致は二極化してきています。一方で、これまでであれば手を挙げたような国々が興味を示さなくなっている。他方で、今までだったら手を挙げられなかった国々が、自分たちの国力を示すため、あるいは発展途上の姿を世界にアピールするために手を挙げる。こうした二極化の中で、オリンピックを招致しようとする国の中には民主主義が成熟していなかったり、社会の中で不正に対する感度が低かったりするところがある。今回の招致をめぐる問題は、日本だけの問題ではなくて、オリンピックを取り巻く本質的な問題とも言えるのではないかと思います。

潮　私自身は、招致活動をやっている段階から、「何のために東京でオリンピック・パラリンピックをやるのか」という問題意識がありました。そこを明確にしないまま招致をして、１回失敗したけれど、もう１回やったら成功した。「日本に、東京にオリンピックがくる！」とみんなが盛り上がった。

しかし、繰り返しになりますが、何のためにオリンピックをやるのか、オリンピックを活用して日本の社会をどう変えていくのか、という発想が抜け落ちたまま走ってしまっている。そこに根本的な問題があるような気がします。

中央競技団体（NF）の内的な論理

友添　オリンピックをはじめ様々な国際大会に選手を派遣する日本のNFでも、多くの不祥事案が起こっています。たとえばレスリングでは、2018年1月に伊調馨選手が栄和人強化本部長からパワハラを受けていたと告発をしました。アメリカンフットボールの大学の定期戦で日大の選手が関西学院大の選手にケガを負わせましたが（2018年5月）、これは監督の指示があったのではないかと第三者委員会の報告書では述べられています。居合道の場合、段位認定審査で不正な金銭の授受があったのではないかと剣道連盟の会員が告発状を提出しました（2018年6月、内閣府公益認定等委員会に告発）。同年、体操では、宮川紗江選手に対して速水佑斗コーチの暴力問題が摘発された中で、逆に体操協会の女子強化本部長や副会長の塚原夫妻からパワハラを受けたという主張が展開されました。他にもアマチュアボクシング連盟の山根明元会長の連盟私物化の問題。バスケットボールでは、アジア大会での買春問題（2018年8月）。これは明らかに法的な違反行為でした。こういった様々な問題*5をどう受け止めていらっしゃいますか。

潮　各競技の愛好者たちがお金もない中で組織をつくって、大会を運営し、選手を育ててきたという歴史があるが故に、「自分たちの好きなようにして何が悪いのか」という感覚が見え隠れすると強く感じます。もちろん、それをストレートに表現する人はいません。が、たとえば体操協会に突っ込んで取材すると、「あの人たちは非常に長く体操界に貢献してきた人たちだから」という声が聞こえてきました。さらに問いかけると、明確には答えないですが、「だからこれくらいは許されるだろう」みたいなものが見えてくる。

友添　1920年代に日本の競技団体の多くができています。たとえば、潮さんがかつて選手として活躍し、今も取材を続けられている日本サッカー協会（JFA）は1921年に創立されています。もともとわが国の草創期の競技団体は愛好者が集まってできたものですから、自分たちで勝手にやっていいし、さらに自分たちのお金で運営しているわけですから、私物化することが決して悪いことではなかった。しかし現在では、競技団体には公金が投入されており、特に今は2020年東京オリンピック・パラリンピックを前にして、強化費として多額の公金が投入されています。それを〝俺の協会〟という意識で考えられてしまうと、大きな間違いが起こってくる。また、彼らは、「ボランティアで、自己犠牲でやっているんだから、他者からとやかく言われる筋合いはない」と言います。日本のスポーツのよい面でもあるけれども、悪い側面が出てきている。今、国ではスポーツ審議会のスポーツ・インテグリティ部会の中で、スポーツ団体のガバナンスコードをつくっている最中ですが、取材されていて、どのような感想をお持ちですか。

潮　今のところ、すべての部会を傍聴していています。１回目からの流れを見ていて、ＪＳＰＯ、ＪＯＣ、あるいはＮＦの方の説明を聞いていると、真っ先に感じるのは、コントロールされることへの抵抗感です。不祥事や問題が起きている中で、自分たちで変わろうとか、改善しようという発想にはなっていない。お上から押しつけられてルールを一律に当てはめられることに対して拒絶に近い雰囲気を出していると強く感じます。

清水　自分たちで自分たちの内的な論理を固めてきて、その内的な論理でやってきたことの何が悪いんだと開き直ってしまう、そういう感覚があるように感じます。

潮　選手時代の実績がある人が役員になって偉くなっていくという歴史的な流れがあるのはもちろんわかっているのですが、そういったことがもう許されなくなっていることへの認識が甘い。助成金を適切に使用せずに、いろいろな人に分配していたというケースが２０１２年~２０１３年頃にたくさん出てきましたが、彼らの論理からすると、「自分たちの金を自由に使ってどうしていけない。入ってくる額を不正しているわけではない」となる。そういう彼らの論理は、論理として成り立っていません。こうした一般的な感覚との乖離は、社会が大きく変化しているのに対して、スポーツ界はそれに対応できていないことから起きているのではないでしょうか。〝コンプライアンス〟[*6]や〝インテグリティ〟という言葉は、アメリカの企業で使用されるようになってから日本に入ってきたようですが、日本のスポーツ界に当てはめてみると、ここ10年に満たない間にこの言葉が広がってきた。スポーツ界の人からすると、驚くようなスピードでそういうことが要求されているると感じているのかもしれません。それについていけないということと、昔であれば、たとえば「スポーツ界で起きていることだから仕方ないか」というような、社会が容認していた部分が不祥事の背景の一つであったと思います。これだけいろいろな問題に発展しているというのは、かつて社会が容認してきたことが、今は容認されなくなっているからだと思います。

友添　昔であれば、大学の体育会の運動部の学生が大酒を飲んで街で暴れても「元気のいい学生さんが困ったね」という程度で大目に見るような風潮がありました。それと同じように、スポーツ界に対して社会そのものが寛容であったし、社会の常識とスポーツ界の常識にズレがあったとしても、社会の側がそれを包み込んでしまうくらい、社会にも余裕があった。スポーツ界もそこに少し甘えながらも、自らがきちんとしなければいけないという自立的な意識が、ある時期まではあったのだと思います。アマチュアリズムが生きていた時代は、ある種の自己規制が働いていたと私は見ています。潮さんがおっしゃったように、〝インテグリティ〟や〝ガバナンス〟という言葉は経済用語として日本にも入ってきましたが、スポーツ団体のガバナンスコードが先進諸国でつくられていくのは、2010年代に入ってからで、ここ10年くらいの動きでしかありません[*7]。日本だけではなくて世界の先進諸国においてもスポーツ団体を巡る不祥事が数多く起きています。たとえばアメリカでは体操協会のコーチによる性的虐待事件がありました。スポーツ組織のモラルハザードが進行していて、これはオリンピックの開催と関係があるのではないかと思っています。〝勝利至上主義〟という単純な言葉では括れない、何か大きなうねりみたいなものが出てきたのが2017年～2018年の日本のスポーツ界の大きな特徴だったのではないかと思います。

潮　現場で取材していて選手や指導者の声を聞くと、２０２０年に自分の国で開催されるオリンピックに出たい、そこで活躍したいという強い願望は、こちらの想像をはるかに超えています。当然その中で、代表選手の選考方法に対して不満を感じるケースも通常より多く出てくるでしょう。一方で、体操やアメフトの問題の時のように、直接選手が表に出てきて発信するということはおそらく今までなかったものです。

友添　選手そのものが変わってきたし、あるいは今までと違って、オリンピック招致を含めてスポーツ界に対する社会の目も厳しくなってきました。それにもかかわらずスポーツ界はオリンピックバブル的なところがあって、自分たちの中で盛り上がってしまっている部分がある。

私自身、大学スポーツに携わっていて感じるのは、オリンピックの開催が決まってから、非常に競技レベルが高くなってきたということです。以前であれば、インカレで優勝したであろう記録を出しても、入賞すらできないようなレベルになっている。大学生の競技者の中でもオリンピックを意識している選手がかなり多くて、その分かなり無理をするし、メンタル面で非常に厳しい状況になっている選手もいます。その一つの例として、自分がドーピングするのではなく、相手に禁止薬物を飲ませてドーピングさせるというパラドーピングがカヌーで起きました。これは日本では全く新手のドーピングでした。こんな現象まで起こってくるという〝狂想曲〟が、日本のスポーツ界では奏でられていると思わざるを得ません。

スポーツ団体のガバナンスコード[*8]

友添　スポーツ庁の長官が仮に大きな社会的な問題を起こした競技団体に対して解散命令を出せるのかと言うと、実はそんな権限は法令上ありません。では、その権限はどこにあるのかといったら、今の構造では、ＪＳＣが強化費を絞るということでしか対応できない。ＮＦを規制するような決まりがないのです。だから国がもっと権限を持って競技団体を監視するべきだと言うのが、スポーツ議員連盟のアドバイザリーボード、その中から出てきたスポーツ庁への申し入れ書の大きな骨子です。他方で、これに関わったメンバー、特にスポーツ界出身のアドバイザリーボードのメンバーは、モスクワ世代の人たちが多い。そういう意味で、国からの干渉に対して非常に敏感なスポーツ界と、他方で、「もうそんなことを言っている時代ではない」という考えの二つがあり、それらがぶつかり合っています。潮さんはどちらを支持しますか。あるいは、そんな単純な話ではないのでしょうか。

潮　先に結論を言うと、そんなに単純ではないと思います。私はモスクワの時は高校生でしたが、選手が涙ながらにオリンピックに参加したいと訴えているシーンをよく覚えています。こんなことが起きていいのかという思いがありました。陸上競技選手のセバスチャン・コー（現国際陸上競技連盟会長）は自分でお金を集めつつ、援助をしてもらって、イギリスの代表ではないかたちで個人参加しました。そういうことができたイギリスと、できなかった日本を考えると、日本ではスポーツがまだ文化になり得てなかったのだろうと感じます。取材しているとモスクワの話はよく出てきます。ああいうことは二度と繰り返してはいけないと感じます。ただ一方で、「では、そのためにスポーツ界として、あるいはＪＯＣとして何をするのですか」という質問に対する答えがなかなか出てこない。私たちも原稿を書く時に、モスクワの話はすごく使いやすいのですが、それを使ってしまうと前に進まないというジレンマも感じています。国のコントロールをすべて受け入れるのは無理だと思うのですが、今の流れでガバナンスコードができて、ＮＦに一律にルールが適用されるという事態はある程度仕方ないし、受け入れざるを得ないと思います。

友添　私自身、スポーツ団体のガバナンスコード策定部会の座長をやってきて、この問題に随分関わってきました。コードの作成について、自主憲法をつくろうとしていると見るのか、あるいは戦後よく言われた、押しつけられた憲法だと見るのかによって、かなり見方が分かれてくると思います。実際には、スポーツ界の代表的な人たちがメンバーに入っていて、さらに第三者的な立場で弁護士、公認会計士、有識者が入り、喧々諤々の議論をしてきました。こうして、まさに自主憲法をつくろうとしているところです。憲法をつくって、その憲法に従うわけであって、国から指示を受けて従うわけではない。国との関係も少し慎重に鑑みながら、自らで制定するので自立性を担保できる。コンプライ・オア・エクスプレイン（comply or explain：遵守せよ、さもなくば説明せよ）ではないけれど、守る、あるいは守れなければなぜ守れないのかを合理的に説明するという原則に立って憲法をつくろうとしている。言わば非常に大事な局面にあると思います。その中でも根幹をなすと言っていい各ＮＦの「理事の任期を最長10年とする」案や「70歳を理事の定年とする」案には反対意見が多くあります。[*9]

実は冒頭で話題にしたＪＯＣの竹田会長がこの定年案に引っかかると言われていたのですが、ＪＯＣでは70歳定年について延長論が出ていて、昨年の総会で延長が認められていましたが、結局自ら辞任されたので定年延長も流れました。

潮　ＪＯＣもそうですが、70歳定年に抵抗感がある背景の一つには、東京２０２０オリンピック・パラリンピックを何らかの立場で迎えたいということではないでしょうか。選手・指導者のオリンピックに出たい思いに近いぐらい、何らかのポストに就いたかたちで東京２０２０大会を終えたいという思いが強く感じられます。なぜそこに執着するのか全然理解できないのですが。

疑似的な家制度

友添　私は、日本のスポーツ団体には擬似的な家制度があるのではないかと思っています。かつての日本の会社もそうでした。私はあるＮＦの外部理事をしていますが、実はかつてその競技をやっていたのです。理事の中には、中学からの知り合いがいたり、高校、大学の時から長いお付き合いをしている人が少なくありません。スポーツ団体というのは、親父がいて、兄貴がいて、叔父がいる。でも姉貴はいない。女性理事はあまりいないのです。こうした男性中心の家制度の中に、非常に強い愛情と、揺るぎない内なる信頼感がある。それは外部の論理や倫理を受け付けないぐらい強固で、先ほど清水さんが言ったように〝内的な論理〟で支えられている。そういう彼らには、理事を決められた年数で切るとか、評価基準を組織運営の業績主義に変えるとか、理事の定員を減らすなどということについて議論することは受け入れられないのではないでしょうか。

潮　失礼な言い方かもしれませんが、インテグリティ部会を後ろで傍聴していて思わず笑ってしまうことがあります。スポーツ界の方と弁護士、公認会計士、有識者の方の議論をしている土台というか、スタート地点が全く違っていて、議論がかみ合わないからです。今回の座談の結論みたいなことかもしれませんが、ガバナンスコードをつくっても、このままではあまり変わらないのではないかとも思います。根本的にやらなければいけないのは、スポーツ界の意識改革ではないでしょうか。

清水　一つの組織に何十年もいて、顔が利いて、あらゆるステークホルダーとつながっている。無理も聞いてもらえるようになる…。今まさに任期の話が出ていますが、彼ら一人ひとりが自らのつながりで長くやってきている現状から、ある程度機械的にメンバーを変えながら組織を醸成していくようなしくみに変えていくことが必要だと思います。しかし、どうもそうならない。先ほど友添さんは家制度とおっしゃいましたが、いまだにその意識のままこの先もやっていこうとしていますよね。

友添　前近代グループと現代グループ、あるいは家制度にどっぷりつかった人と近代合理主義、業績主義に立った人たちがいる。片側だけでコードをつくらずに双方を混ぜることによって、生意気な表現ですが、弁証法的な発展をするのではないかと思っています。正と反が生まれてきて、合となる。合は正ではないけれども、次の世代の正にして、それをまた次の世代でさらに…という流れをつくる。ガバナンスコードの策定が最初で最後ということではなく、まずはここから始めるという姿勢でいることが大事だと思っています。

潮　今、組織の中心にいる人たちは家制度の恩恵を受けてきた人たちですよね。しかも、その人たちは自分たちの先輩がいい思いをしてきたのを見てきているはずなので、ようやく自分たちがその立場になったと思っているかもしれません。ですから、「ガバナンスコードなんてやめてくれよ」という気持ちが少なからずあるのでしょう。アメフトと体操の問題では、選手が出てきて公の場で話をしました。スポーツ界では、「昔だったらこんなことは考えられない」という受け止め方をしている人もいました。指導者や協会の幹部に対して選手が盾突いて、それを公表するなんて考えられない事態だという受け止め方です。時代の変化に全然ついていくことができないのだと思いました。

スポーツ界が変わるために

友添　競技団体の中でも、世代によって意識は変わってきていると思います。そういう意味でも次世代のためのインテグリティ教育がやはり必要だと思います。

潮　今のトップの人たちの感覚も変えてもらわないと…。コンプライアンス、ガバナンスと突きつけられていることに対して不平不満を言う人が多いです。自分がその競技に関わってきて、「私はメダルも獲ったし、選手も育ててきたし、役員も務めて、これだけ協会に貢献してきた」と言うのですが、彼らに「自分の好きな競技をどうしたいのですか」と問うと、それに答えることができるのだろうかと疑問に思うことがあります。その競技の未来を考えていれば、なぜコンプライアンスが求められているのか、なぜ競技団体をきちんと運営しなければならないかが自ずと理解できると思うのですが。
清水　潮さんが言われたような、将来スポーツをどうしたいのかという個人的な思いと、各NF、JOC、JSCをどうコントロールするか、組織的な関係の中でどうガバナンスしていくかということが、混じり合って渦巻いている感じがします。
友添　東京2020オリンピック・パラリンピックを前にして、日本のスポーツ界も、このままではいけないということを認識しつつあると思います。ガバナンスコードも含めて、スポーツ界の見直し、編み直しに着手しようとすることがレガシーになっていくのではないかと考えます。東京2020大会がなかったら、ガバナンスコードを策定するような会議や議論もなかったでしょう。
潮　そうだと思います。スポーツ議員連盟の国会議員の先生方が急にいろいろなものを要求しているのも、第三者的な立場からすると、東京2020大会があるからこそ、それに乗って口出ししたいのではないかというようにも見えます。あくまで想像ですが、東京2020大会で金メダルが出た時に、「あいつもがんばっていたけど、あいつに強化費を出したのは俺だ」みたいなことを言う人が出てくるのではないでしょうか。他にも、スポーツ界に対して「お前ら助成金をきちんと使ってないじゃないか」とか、「何でパワハラや不祥事を起こしているんだ」と言っていれば目立つし、そういう立ち回り方をすれば、スポーツ界の外部の人間からはまともなことを言っていると見えるかもしれない。しかし注意しなければいけないのが、注目されたいから言っているだけであって、そもそも日本にオリンピック・パラリンピックがこなければ、スポーツなんて無関心、という人である可能性もあるわけです。改めて、スポーツに携わっている人が、オリンピック・パラリンピックを何のためにやるのか、あるいは東京でやるからにはこんなオリンピックにしたい、する、こういうものを残したいということを発信しなければいけない。政治家をはじめとする外部の人に対して、スポーツの価値、スポーツの持っている力を、スポーツ界の人がもっときちんと主張する、説明する、納得させるという行動に出てほしい。その延長線上にガバナンスコードもあるべきだと思います。自分たちのスポーツ界をよくするため、あるいはオリンピック・パラリンピックを自国で開催してよかったと思えるようにするためには、そういう発信ができなければいけない。そういった姿勢や思いがガバナンスコードに出てくればいいと思います。スポーツ審議会の山脇康会長（第4章 2に登場）が、会議の最後に毎回ガバナンスコードの意義はどこにあるのかという話をされています。世の中の常識にスポーツ界の常識を近づけなければいけない、スポーツ界の常識は社会にとって非常識だということを暗に指摘しています。ルールとして守らされるものではなくて、ガバナンスコードを自分たちでつくって世に出すこと、あるいはそれに自分たちの組織を照らしあわせて変えていくことは、世の中に発信ができるいい機会と捉えることもできる。また日本パラリンピック委員会委員長も兼ねる山脇さんは「自分たちスポーツ界が生まれ変わる」とも言っていました。

友添　「生まれ変わる」というのは、重要なキーワードですね。

潮　70歳定年や10年任期に抵抗感がある人たちにも響いているといいなと思います。ガバナンスコード以前に、スポーツ界の美徳や身だしなみ、言葉を換えて言えば、スポーツマンシップが問われているのだと思います。

友添　スポーツマンシップというのは、アマチュアリズムとパラレルな関係です。スポーツを本当に愛して、スポーツのためだけにスポーツを追求しましょうというアマチュアリズムがなくなって、代わりにどんな倫理観を打ち立ててきたかと言うと、実は何もつくってこなかった。それはプロフェッショナリズムだと言う人もいるけれど、そんな単純な話でもない。別の言い方をすると、倫理の空洞化が今のスポーツ界に起こっているわけです。

清水　以前、早稲田大学の原田宗彦さんが、競技団体もプロフェッショナルにならなければいけないと話していました。潮さんが言われたように、スポーツマンシップ、つまり自分で自己統制しながらやるべきものだという基盤があった上で、ガバナンスコードを設けて守っていきましょう、ビジネスマインドでやりましょうとするのが本当はよいのだけれども、それもなかなかうまく構築できていない。一概にプロフェッショナリズムとかアマチュアリズムと括れない文化的状況として日本のスポーツ界があるように思います。

潮　ガバナンスコードが守れないと、たとえば強化費が減らされる恐れがあると思います。一方で、部会を聞いていて思うのは、現実的に小さい競技団体にはハードルが相当高いですよね。どうやってコードに近づけていくかを考えると、スポーツ庁かＪＯＣかわからないですが、どうやって支援していくのかを具体的に準備しないと、絵に描いた餅になりそうな気がしています。

2 ［座談］求められるスポーツのモラル教育とは

―今回お話しする人― 佐伯年詩雄＋清水 諭

（2018年3月31日収録）

アマチュアリズムの崩壊と近代スポーツのモラル

友添 今のスポーツの状況を見てみると、様々な問題が起こっていて、特に大相撲では古くは2007年の時津風部屋の暴行死事件から最近の日馬富士、貴公俊の暴力問題まで、暴力や大麻、八百長事件が断続的に続きました。また、日本はドーピングについてクリーンと言われてきました。相手を妨害するために行うドーピングを〝パラドーピング〟と言いますが、今回、日本のスポーツ界では初めて、このタイプのドーピングが起こっています。カヌーでライバル選手の飲料への禁止薬物混入というかたちでした。ロシアの国家ぐるみのドーピング問題に対しても、ＩＯＣは玉虫色の対応をし、ＯＡＲ（Olympic Athletes from Russia）というかたちで平昌オリンピック（２０１８年）出場を認めました。ＷＡＤＡ（世界アンチ・ドーピング機関）は、「ロシアを排除すべき」と異議申し立てを行いましたが、ＩＯＣはこれを受け入れませんでした。パラリンピックはきちんと排除したことを考えると、大きな問題を残したように思います。今のスポーツ界は、このほかにもトップレベルのバドミントン選手のバカラ賭博等、様々な問題がありますが、佐伯さんはこういうスポーツ界の倫理的逸脱問題、特にトップアスリートやトップスポーツに焦点を当てた時に、どのように捉えていますか。

佐伯　日本でこういったスキャンダルが起こると、日本的な問題と捉えがちなところがありますよね。たとえば大相撲の日馬富士事件の直後にラグビーのオーストラリア代表選手のタクシー料金踏み倒し事件があったけれど、扱いが全然違うわけです。メディアはラグビーにはタッチせず、パーソナリティだけを問題にする。しかし、相撲の場合は、日馬富士の人格的な問題ではなくて、すべてを相撲の問題にしてしまうところがありますよね。まだまだ日本のスポーツについては、後進国性があると言うか、そういうアプリオリがあって、それで問題を見ていく視点が強い気がします。そういう意味で言うと、スポーツの世界で起こっているモラル違反みたいな問題は、日本独自の問題ではなくて、スポーツ全体の問題ということですよね。そのように見なくてはいけないと思います。それは、現代スポーツは近代スポーツが持っていた従来のモラルスタンダードと違うスポーツの世界になったということです。ここをきちんと見なくてはいけない。結論的に言えば、近代スポーツのスタンダードでいくら現代スポーツを批判してもそこに立ち戻れない以上は、この状況をよく整理して、どういうモラルが現代スポーツの中に新しく求められるべきかということを考えなくてはいけないと思います。

友添　身分規定だということで、随分と批判された〝アマチュアリズム〟について考えてみると、実は「アマチュアリズムは死んだ」と言われるまでにも様々な問題があったけれども、今から思うと選手個人のレベルの話で済むような問題が主で、アマチュアリズムがある種のプレーヤーなり組織の行動規範、行為規範、モラル規範として機能していたと思います。それが70年代以降、商業主義が出てきてモラルが崩壊してしまったと思うのですが。

佐伯　アマチュアリズムに関連して、スポーツマンシップ、フェアプレイといった一連の近代スポーツのモラルがあるのですが、これらは、中産階級の階級的なモラルと不可分なのです。ですから、スポーツが労働者階級まで普及した時に、そのモラルは通用しない世界に移ったわけです。ここに、労働者階級のスポーツの普及をスポーツの民主化と見るのか、大衆化と見るのか、という一つの大きな問題があります。民主化であれば、モラルの継承や新しいモラルの構成が市民社会原理として出てくるべきだったけれども、どうもそうではなくて、確かにスポーツは広がったけれども、それは大衆化だった。そうすると、やはりビジネスの論理でスポーツ界が構成されてしまうということになります。それに気づきながらも手を入れることができなかったというのが、ＩＯＣはじめ世界のＩＦ（国際競技連盟）の問題でもあるし、そういうことについてアスリートに議論も関係もさせないというスポーツ界自体のあり方が問題だと思います。トップアスリートにもし問題があるとすれば、アスリート自身に問い、アスリート自身で考えて、自分たちがどうすればいいかということで、「アスリート宣言」

みたいなものを自分たちでつくるような試みを生み出す仕掛けをしていかなければならないと思うんです。ＩＯＣも、それぞれのＩＦも、ＪＯＣもそうですが、アスリート委員を入れてはいるけれども、何のために入れているのかよくわからない。もう少しアスリートに考えさせて、発言させて、決めさせる。そこから今の状況に合った、彼らのライフスタイルに合ったモラルをつくっていくのだろうと思うんですよね。「近代スポーツのモラルが大事だから」と言って押しつけてもだめですよ。

友添　スポーツ界には「かつてはよかった」というノスタルジックな雰囲気があります。たとえば日本の場合も、旧制高等学校、中等学校には、ある程度裕福な中産階級で、なおかつインテリジェンスを持った階層の子弟たちが多くいました。彼らの中では、羽目を外すと言っても高が知れていて、お酒を飲んで高歌放吟する、部の中で先輩風を吹かして一発殴るぐらいで済んでいた。ところが今、スポーツは階級の壁を超えて大きな広がりになった。佐伯さんはスポーツの大衆化を説かれたパイオニアであり、フロンティアでもあったわけですが、こういう時代がくる、こんなモラルが低下した状況になるということは予測されていたのでしょうか。

佐伯　文化の大衆化の一つの様相としてクオリティが下がるということはよく言われています。ポピュラリゼーションというのはカルチャーのクオリティを下げないとできない。たとえば、いくつかの条件がスポーツの大衆化のためにあるのだけれど、用具一つをとってみても、大衆化するためには大量生産しなければならない。そうすると、画一的な道具を使ってスポーツをするということになります。自分に合った道具ではなくて、生産された道具にあわせてスポーツをするという、その一面だけを見てもクオリティが変わる。この時に何かやらなければいけなかったけれども、大きな失敗はスポーツ指導のフレームにそういうものが全然入ってなかったことです。簡単に言うと、アマチュアリズムが崩壊したことによって、スポーツのカルチャーがバラバラになっているということです。用具や技能、なぜスポーツをするのかというスポーツ観まで含めて、アマチュアリズムは全体的にうまくまとめ上げていたと思うのですが、これがバラバラになってしまった。

友添　私たちが研究者としてスタートした1980年代頃は、アマチュアリズムは、階級を固定する、身分差別につながるような悪しきものだということを、あの当時の学会やオピニオンリーダーたちから汲み取っていました。ところが今となっては、アマチュアリズムを全否定してしまったことの中にも問題の一端があったのではないかということを、今の話をおうかがいしながら考えていました。

佐伯　否定したら次のものを提案しなくてはいけないわけです。通常では、どの文化も発展するにしたがって大勢の愛好者を獲得し、当然そこから当該文化の先導者としてのプロが出てくるわけです。その時に、「何をもってプロと言うか」が重要です。これについては、スポーツはアマチュアリズムが150年もほかの文化に比べて続いてしまったために、プロとは何かということを考えないできたし、アマチュアよりプロはステータスが低いという状況にあった。本来で言えば、文化の発展のプロセスで、アマチュアリズムからプロフェッショナリズムへという思想の発展があるべきだったのに、そこができ上がっていない。

友添　アマチュアリズムの残滓があって、その残滓によって私たちの世代には「プロフェッショナリズムも悪しきものだ」というイメージが与えられてしまったところがあったと思います。だから今、佐伯さんがおっしゃったプロフェッショナリズムそのものの本質的なところが確立されなかった問題、それが私には新鮮に聞こえるわけです。

清水　佐伯さんが言われたように、日本のスポーツの後進性というか、近代スポーツにはフェアプレイやスポーツマンシップが確かにあったかもしれないけれど、あまりそこを深く考えずに今の状況に入ってしまって、それがずっと続いている。プロフェッショナリズムについては規範や倫理観という観点から発展性を考えるというところがまるっきり抜けているのがよくわかります。

友添　アマチュアリズムそのもの、あるいはアマチュアリズムから派生してくるフェアプレイ精神やスポーツマンシップは、もともと中世のキリスト教に由来すると私は考えてきました。フェアプレイの精神やスポーツマンシップは対面倫理、フェイス・トゥ・フェイスの関係でしか成立しない倫理で、たとえば、私と清水さんと佐伯さんが顔をあわせる、まさにこの関係性の中でこそ生まれてくる。ところが今、スマホで外国のスポーツの試合に賭けることができるようになりました。賭博市場では、スマホで換金までできるので、スポーツ賭博も世界中どこからでも匿名で賭けることができます。そのスポーツ賭博が違法で不正であった場合、牧歌的なフェアプレイの精神というのは、もちろんこれはこれで悪いわけではないし、スポーツマンシップもよい倫理規範だろうけれども、もはやこれらに頼っても何も解決しないと思います。つまり、今のような時代状況では、当該のスポーツの場に不在で匿名を前提とした者が行うスポーツの倫理的逸脱問題には、到底対応できないし、解決しないと思っています。現在では、スポーツの場で倫理的問題を起こす人が、プレイヤーでもなく、スポーツそのものの部外者という場合もあるわけです。そうなってくると、それに替わるモラルや倫理を探究していかなければならない時期にきているのだと思います。

スポーツの文化的コンプレックス

友添　アスリートだけの問題ではなく構造的な問題だということで言えば、その枠組みをどのくらいにとるのかという問題があるにしても、スポーツの組織、観客、審判、あるいはスポンサーにもモラルを持ってもらわなければいけないと思います。そういう大きな枠で見た時に、どういう行為規範なり行動規範なりがあり得るでしょうか。あるいは唯一絶対的なものはあり得ないでしょうか。

佐伯　カント[*10]が『判断力批判』(第三批判)で書いているように、普遍的な道徳というのをつくろうと思えば、やはり純粋な理性・理念で攻めていかなければいけない。ところが実際の現実世界のモラルは、先ほど友添さんが言われたように、その社会の中で状況的につくられていくものです。スポーツも中産階級のフレームの中で仲間内の決め事としてでき、アマチュアリズムもそうだった。ところが、それをルールにしないと守れなくなったので、ルール化した。ところが今また、スポーツが次のステップに進んだ。つまり、スポーツが一つの独立した社会を確立しつつあるわけです。ブルデュー[*11]の言葉を借りて言えば、スポーツという〝界〟が非常に大きな力を持つものとしてでき上がった。しかし、これは一つにまとまっているわけではなくて、この界の力と外部の力、たとえば政治や経済の力とのつながりを見ると、明らかにそちらが強くて、界の力は弱いわけです。団結もしていないし、むしろ機会があれば足を引っ張り合っているような状況が現実にある。もしこの界がうまくまとまって、ビジョンや理念を共有していけば、そこに求められるべきモラルがつくられていくだろうと思います。そういう仕掛けが今、何もないわけです。アスリートも界を構成する重要な一部としてあるべきであって、ネーションステーツのフレームの中だけで集まって団結するべきではない。そうではなくて、グローバルなスポーツという界全体を統括するような組織体制をつくっていかないと。

友添 その役割は多分、ＩＯＣだろうと思います。しかし、今回のロシア問題にしても、あるいはドーピング問題にしても、ＩＯＣ自身がそういうリーダーシップを取れていないと思わざるを得ないのですが。

佐伯 オリンピズム自体を、一つのイデオロギーとして客観的に検討する必要があると思っています。あの「神話」にしがみついているけれども、それを実現するために努力する人はいなくて、あれを使ってそこからいくばくかの利益にあずかればいいという姿が見えるようになってしまっているわけですよ。

友添 極端な言い方をすると、ＩＯＣ委員の中に、あるいは研究者の中にもオリンピズムを本当に理解している人はどれくらいいるのかと思わざるを得ないし、ユーロセントリズム（ヨーロッパ中心主義）の色彩がやはり強いと個人的には考えてしまいます。現実のスポーツ界の倫理規範としてオリンピズムが有効に機能し得ない問題性を、もっと問題にしてもいいのではないかなと思います。

佐伯　都合のいいように使っているだけで、はっきり言うと信念になっていないんです。確かに唱えているのは素晴らしい祝詞だけれども、誰もそれを実現しようとはしてない。

友添　アンチ・ドーピング教育をＩＯＣもＷＡＤＡも懸命に推進しています。ＷＡＤＡはロシア問題に非常に厳格な態度を示したのですが、ＩＯＣは日和見的な対応をしてしまいました。本来であれば倫理やモラルを遵守しなければいけない大本であるＩＯＣがそんな対応をしてしまう状況で、対照的に各国ではアンチ・ドーピング教育が盛んに行われています。ＯＶＥＰ（The Olympic Values Education Programme）というオリンピックの価値を子どもたちに学習させるプログラムを、ＩＯＣが指導者向けに作成し、各ＮＯＣが一生懸命やっているけれども、これもやはり心に響かず、子どもたちの間でも行動変容が起こらない。

佐伯　私も反省しているのですが、あまりにもスポーツを過剰にいいものだと言い過ぎたと思う。それを言わないとスポーツが認められないという強迫観念があった。「時々暴力があったり、ズルして勝とうとする者が出たりしても、これが当たり前なんだよ」と言えないところがあった。簡単に言うと、スポーツの文化的なコンプレックスだと思うんですよ。これは今でも強くある。だから何か問題が起こると大騒ぎですよね。「それはスポーツではなくて、その人が悪いよ」と言い切れないで、「何かスポーツに欠点があるんじゃないか」となる。しかし、悪く言えば居直りですけれども、「上手に使えば健康に役立つかもしれないけれど、スポーツはもともと遊びだからこの程度のものだよ」くらいのところから考えないと。アスリートもヒーローになってしまって、苦しくて仕方がないんじゃないでしょうか。いつも品行方正でなければいけない。

友添　今、スポーツ界で一番重要なキーワードは、〝クリーン〟です。

佐伯　それは文化的コンプレックスでしょう。「何をやったって、スポーツのよさは変わらない」というくらいの居直りをする必要があると思います。そうでないと、何かできもしないことができるような振りをして、それでもってスポーツは素晴らしいと言っている。「たかがスポーツだよ。でもたとえ明日世界がなくなろうとも、私は今日ゴルフをやる」という人がたくさんいるわけですよ。そこに本来のスポーツの価値を認めるべきであって、それが何の役に立つかということばかり追いかけ過ぎだと思う。

友添　佐伯さんは日本体育協会（現日本スポーツ協会）の創立１００年を記念して出された「スポーツ宣言日本」の中で、「スポーツは自発的な楽しさを追求する文化だ」と書かれています。それはまさにアマチュアリズムの中核と軌を一にするものだと思っています。

佐伯　そうですね。だからアマチュアリズムとプロフェッショナリズムは対決するものではない。アマチュアリズムの発展上にプロフェッショナリズムが出てくるわけで、それを対比させて考えてきたのがスポーツの世界です。一直線上にあって、連続しているものなんですよ。あるところから社会的な意義が認められると、それは個人のスポーツではなくて、社会のスポーツになってしまうわけです。それは職業化する場合もあるし、あるいはアスリートとしてその人のスポーツ業績が大きな社会的意義を持つとか、その影響に対して責任を持たなければいけないポジションになる。ある人が、「上手になるほどスポーツが本人にとって不自由になる」と言っていました。下手な時は、いつやめたっていい。ところが、うまくなって社会的評価を受けるようになると、「あの試合に出なくてはいけない」とか、「この試合に勝たなくてはいけない」と言われることになる。

市民社会とスポーツ

友添　話は変わりますが、ノルベルト・エリアス[*12]のスポーツ論は日本でも研究者が多いですし、近代の運動文化を洗練し、暴力を排除させ、文明化の過程を歩かせたという論理は一面では確かに説得性があるように思います。しかし、本当にそうなのか。そうであればナチズムや第二次世界大戦をどう説明するのかという問題が生まれてくるように思います。スポーツに置き換えても、スポーツの世界には暴力がない、言葉を換えて言えば、もっとユートピアが生まれてきたはずであるにもかかわらず、現実の社会やスポーツはそうではない。また、〝クリーン〟というのは、いわゆるヨーロッパ的な進歩主義的な思想の帰結なのではないのかと思ってしまう。日本の場合は、「遊びをせんとや生まれけむ」と平安後期の「梁塵秘抄[*13]」の中にあるように、それがきれいだろうが汚かろうが、面白くて我をなくす、無我になる境地の中で面白さを追求するという考えが脈々として底流にある。そしてそれはまた、実はスポーツの本質だから、洋の東西が違う日本人が明治以降に異文化としてのスポーツを抵抗なく受け入れてきて、もちろん大衆化以前という括弧をかけておかなければならないのだけれど、スポーツにおけるモラルは戦前までの日本のスポーツの歴史の中では大きな問題にならなかった理由の一端ではなかったかと思います。

清水　〝クリーン〟というのはビジネスとも関わるし、今のスポーツ界はそれがなければうまく発展できない状況になっていて、個人の自由、あるいは遊び心を本質的には捉えないまま、大衆化して〝クリーン〟なことにすがってきた。これがまさに現代の問題で、スポーツをどう価値づけるかという問題を積み残してきたようにも思えます。

佐伯　日本のスポーツで言うと、市民社会的なモラルが入ってくるところがなかった。市民社会とスポーツが結びついていないから。学校教育が当たり前だから、教育的に考えなくても、学校でやっていれば教育だと思っている。「スポーツ教育」と言っているけれども、実は学校でやっているだけの話であって、スポーツ教育をまともに考えて、論理構成をして、「こういう子どもこそが大事だ」と誰も言わないで、「学校でやっているから教育だ」と言っているだけの話です。

友添　何かほかの目的に貢献するように、スポーツを使って利用してきたということですよね。1970年代に佐伯さんたちが刊行された『シリーズ スポーツを考える』（大修館書店）は、当時かなりのインパクトを与え、あの本を読んで研究者を志した人も多く、私もそのうちの一人です。シリーズの中に「国民スポーツ文化」という巻があって、当時の私は「〝国民スポーツ〟とあるけれど、〝国民〟って一体誰だ」という違和感があって、〝市民スポーツ〟とした方がよいのではないかと思っていました。70年代後半期では、まだ市民スポーツという発想はなかったですか。

佐伯　それは、今でもあまりないんですよ。簡単に言えば、行政と住民という関係なのです。あとはマーケット（市場）。一番欠落しているのが「市民社会」です。私は、政治（行政）と経済（市場）、文化（市民社会）のバランスが非常に重要だと思っています。これが決定的に欠落している。だから、〝国民〟なんです。政府対国民で、「国民にスポーツを普及させる」「住民に地域スポーツを振興しましょう」となる。つまり、そういう主体になれなくて、常に客体として人々は置かれる。スポーツ基本法ができて、はっきりではないけれども、「スポーツを通じて幸福を追求し、健康で文化的に生きる権利がある」と書いてあるわけです。でもあれを読んでも、スポーツ人は誰も「スポーツが権利だ」とは言わない。権利の意識を持って財務省と交渉する人は一人も出ないんですよ。いまだに「やっていただく」という意識がある。スポーツ基本法をつくっても、その意味が全然わかっていないということです。権利であれば、要請、要求だからリクエストしてかまわないわけです。それが今でもお願いになっている。陳情するという世界からまだ抜け切れていない。スポーツ基本法にはいらないことも書いてあるけれども、いいことも書いてあるんです（笑）。

友添　スポーツ基本法の作成過程には佐伯さんも関わったと聞いています（笑）。

佐伯　なぜそれをベースにして要求しないんだろうと思いますね。主力は依然として向こうが握っていて、「これをあげようか」「これにいくら出してあげようか」という構造自体は全然変わっていない。

友添　日本には本当の意味でのコミュニティや自治組織はなかったし、そこでやるスポーツは上から与えられたスポーツだった。〝地域スポーツ〟と言うと、われわれはドイツのスポーツフェライン(Sportverein)をイメージします。日本では結のような組織ですが、遊びながら自生的に生まれてくるはずなんだけれど、日本では「はい、集まってください」「はい、やってください」と与えられるものだから、創造者や生産者ではなく単なる消費者になってしまう。スポーツという活動を創造・生産するのではなく消費するだけだから、モラルは不要だろうと思います。それを売り出すということになると、そこには倫理性を付与していかないといけなくなります。地域スポーツの中でそれが本来的な意味で出てこなかったところも、問題構造はすべて同じではないかと感じています。

スポーツのモラル教育が育つ風土

友添　日本では1970年代から佐伯さんが民間体育研究団体のオピニオンリーダーとなって、体育の教科論がつくられていきました。その時につけられた〝楽しい体育論〟というネーミングは、現場の先生たちに広めるには非常にいいキャッチコピーだったと思うのですが、でもそれは、先ほどから言っている、スポーツの自発的な楽しさを創造・享受するという意味で言うと、少し誤解を与えてしまったのではないでしょうか。学習指導要領に取り入れられてかたちが先行してしまって、「めあて」の通りにやったらいい、といったように現場は捉えてしまった。本質はそうではなくて、実は本来的な意味でのスポーツ教育をめざそうとしていたのだと私は思っています。ところが、それは形骸化してうまくいかなかった。お聞きしたいのは、楽しい体育論の中にスポーツのモラル教育についての構想は含まれていたのですか。

佐伯　もちろん、そうですね。ピアジェが言うように、楽しくするために何を守らなければいけないかということに気がついて初めて、自発的なモラルができ上がってくるわけです。小学校の低学年くらいから自分たちでゲームのルールをつくって、それを守ることによってみんなが楽しめるという自発的な経験をしていかないと、出てこないと思うんです。

友添　与えられたものではなくて。

佐伯　そうです。ルールも自分たちが参加してつくるというところの意識と、モラル教育をつないでいくとすれば、遊戯集団を通じた経験の中でみんながエンジョイするためにはやってはいけないことがあって、それを守らないと入れてもらえない。そして、面白いからぜひ参加したい、参加するにはここを我慢しなければいけない、という経験が非常に重要だと思います。可能であれば、そういう時間を多くとってやりたかったけれども、現実には40分くらいの授業の中に押し込めなければいけないし、学習指導要領が要求する内容をとりあえずはやった格好にしなければならない。1単元の時間が6時間くらいしかないわけですよ。そうすると、余程度胸のある人でないとやらないわけです。

友添　あるいは、勉強して自信がないと難しいですね。

佐伯　今の子どものスポーツを見ると、それが全くなくなってしまった。

友添　与えられた状況で訓練的に練習していく中では、スポーツのモラル教育というのは不可能なのでしょうか。

佐伯　不可能だと思います。

友添　自由で民主的な中でこそ初めて、自分たちが文句を言い合いながら、あるいは合意を形成しながら、そして自分たちの集団としての成熟度を高めていく以外に、スポーツに関わるモラル教育はできないですね。

佐伯　そうですね。スポーツにはそういう機会も時間も空間も人間関係も存在している可能性があるんですよ。だけれども、今のシステムはほとんどそれを潰して、早く上手にしたいというところに一元化している。だからトラブルが起きないようにするわけです。トラブルが起きて勉強するのに、トラブルが起きてモラルが育つのに、トラブルが起きないようにする。トラブルを起こす指導者はダメで、起こさない指導者ほど優秀だと言われる。そういう状況ではチャンスがないから、モラルは育ちませんよ。

友添　たとえば30歳を過ぎたあたりで、子どもの時は体育が嫌いだったけれども、時間と余裕ができたし、テレビで見たら面白そうだからということで地域のクラブに入ってスポーツをやり出した人たちがいます。この人たちはどのようにスポーツ観を養い、どのようにスポーツのモラルを学んでいくのか。日本はシステムもなければ、出たとこ勝負で、「勝手にやってくれ」という状態ですよね。ドイツなどは風土ができていて、終わった後、みんなでカフェにいって、お茶を飲みながら談論風発する中で学んでいく。子どもの時からそういう経験をしている。日本はそういう風土ができていない。

佐伯　決定的に欠けているのは、「スポーツは社交だ」ということをどこでも教えていないし、学ばなかったということです。競技した後は必ず一杯やるというのがセットでスポーツなんですよ。これを別々にしたわけです。「一杯やる」というのはほとんどなくなってしまった。スポーツというのは、要するに暇つぶしの文化で、スポーツに限らず文学や音楽、美術も社交のネタだったわけです。社交であれば、相手とどうやって付き合うかということが非常に重要です。先日、国立長寿医療研究センターのレポートが出ました。運動習慣のない65歳以上の男女１００名を集めて、片方のグループは週に1回ゴルフをやり、もう片方は週に1回健康講座を受けた。1年後に認知症のチェックをしたら、ゴルフをやっている人たちは11・6％向上したが、健康講座の人たちは向上していない。なぜゴルフがいいかと言うと、ただ筋肉を動かすだけではなくて、頭を使い、しゃべる。この三つがそろうことが大事なのです。日本の場合は、筋肉の動きだけを見てきた。頭はあまり使わなくていい、いっぱい我慢して練習すればいい、と言われてずっとやってきたわけでしょう。ましてや、社交なんてとんでもない話だったわけですよね。「チャラチャラするんじゃない」と言われて。だけど、そもそもスポーツはチャラチャラするための文化だった。

友添　言葉にすると怒られますよね。学生時代、柔道の練習をしていて、「すみません、今の技は…」と言うと、「うるさい。体で覚えろ」と言われてしまう。言葉にしてコミュニケーションするのをすごく嫌う風土がある。

佐伯　Jリーグや日本代表の監督を外国人がやる時のよさというのは、きちんと相手の話を聞くということだと思う。選手は外国人の監督が話していることを通訳を介して聞く時に、「何を言っているのだろう」と真剣に聞くわけです。ところが日本人の監督が話している時は、だいたい話が右から左へ抜けてしまう。思考するというトレーニングがないわけです。

友添　モラルというのは、与えられて身につけるというよりは、自分で考えてつくり出していって、それを共有していくということなのでしょうね。

佐伯　ダウンサイズの地球になってきているわけだから、スポーツも成長モデルを変えないといけない。無限の挑戦と言っている時代ではないんですよ。ダウンサイズしていく時代のスポーツモラルを考えていかなくてはいけない。

友添　ダウンサイジングをうまく導くようなモラルをつくっていかなくてはいけませんね。

佐伯　急激な下降ではなく、やわらかい下降で、下がりながら楽しんでいける。そこに新しいものを考えなくてはいけない。勝った者が一番で、みんなが拍手する時代ではないんですよ。

東京2020大会に向けて

友添　最後に定番の質問ですが、2020年に開催される東京オリンピック・パラリンピックに向けて、何をお感じになっているでしょうか。

佐伯　メディアが〝感動扇情産業〟になってしまっていますよね。多分続かないと思うんですよ。感動を消耗してしまって、オリンピックまで持たないんじゃないかな。感動のつくり過ぎ、やり過ぎですよ。良識のある人たちが、「スポーツはもういい加減にしてくれ」と言い出している。それがわからない、そういうところにアンテナを持っていない人たちだけでやっていると思いますね。

友添　メディア自身もスポーツを学ばなくてはいけませんね。

佐伯　そういう意味で言えば、オリンピックも相当自己反省しなくてはいけないと思う。

友添　佐伯さんは1964年東京オリンピックを経験されていますよね。

佐伯　大学4年生でした。

友添　今回は1964年東京大会と何が違うと感じていますか。

佐伯　簡単に言えば、やはりビジネス化ですよ。招致委員会の動きをすべて見てきているからわかるんですが、最初に出るのは〝経済波及効果〟です。「儲かるからオリンピック招致に賛成しましょう」と言う。それでずっときているわけです。そこは1964年東京オリンピックと全然違うところです。

友添　もっと純朴で、国家を挙げた一大イベントでしたよね。

佐伯　「日本は平和になったということを世界にお見せしたい」という、ある種純粋な思いがあったわけです。

友添　時間がきたようです。今日は貴重なお話をありがとうございました。

〈注〉

1 スポーツ・インテグリティとはスポーツの高潔さのこと。詳しくは、1章 1の注2を参照のこと。

2 ガバナンス（Governance）とは「組織統治」を意味する言葉である。具体的には、スポーツ団体の統治を脅かす行為や事件を発生させないために、組織内に規則や倫理をつくって管理体制を整えることを指す。

3 2020年東京オリンピック・パラリンピックの招致活動で、招致委員会の理事長を務めていたJOC会長の竹田恒和氏がシンガポールのコンサルタント会社を通じ、当時開催地選定に影響力のあったIOC委員父子に約2億3000万円の賄賂を渡したとフランス検察が捜査していることが2019年1月に発覚した。竹田氏は世論の不信を招いたとして、任期延長が決まっていたJOC会長職を辞任した。なお、現在もフランス検察による捜査は継続中である。

4 たとえば、2024年夏季大会には、パリ、ロサンゼルス、ブダペスト、ハンブルク、ローマの五つの都市が立候補したが、最終的にはパリ、ロサンゼルス以外の三都市が撤退した。この背景にはオリンピック開催による公金による多額の経費負担、経済効果への疑問、治安の悪化等への懸念がある。開催都市の住民の反対運動や不支持も立候補辞退に大きく影響する。IOCは立候補都市がなくなるという危機感から、大会7年前に開催都市を決めるという原則を崩してまで、2017年に2024年のパリ、その4年後の2028年のロサンゼルスを同時決定した。

5 ここに挙げた問題は2018年に起こったり、告発されたものである。スポーツ界に1年間でこれほど多くのガバナンスやコンプライアンスに関わる問題があったということでもある。アメリカンフットボールの事例では、関東学生アメリカンフットボール連盟は日大の監督及びコーチの反則行為の指示を認め、二人を除名処分にし、反則を犯した日大選手と部には、シーズン終了まで公式試合の出場資格停止処分を決定した。また、2018年7月に「日本ボクシングを再興する会」が文科省に日本ボクシング連盟元会長の助成金の不正流用、審判不正等を告発した。

6　コンプライアンス（Compliance）とは法令や社会規範の順守を指す。

7　先進諸国における中央競技団体（ＮＦ）向けの「ガバナンスコード」に相当する文書は、２０１０年代以降になって出されるようになった。たとえば、カナダでは２０１１年11月（Pursuing Effective Governance in Canada's National Sport Organizations《Sport Canada》）、イギリスでは２０１６年10月（A Code of Sport Governance）、オーストラリアでは２０１５年６月（Mandatory Sports Governance Principles《ＡＩＳ》）に出され、アメリカでは２０１９年３月に連邦法及びアメリカオリンピック委員会（ＵＳＯＣ）の付属定款にガバナンスに関する規定が加えられた。詳しくは、以下の文献を参照されたい。高瀬富康（２０１９）諸外国における中央競技団体のガバナンス、友添秀則・清水諭 編『現代スポーツ評論40』、創文企画、pp. 89-97。

8　座談の中でも述べられているが、２０１８年にはスポーツ団体のガバナンスに関わる多くの問題が起こった。特に、２０１３年に発覚した全日本柔道連盟の女子ナショナルチームのコーチの暴力行為や補助金の不正使用問題以降、スポーツ団体のガバナンスの不全に起因する問題が後を絶たない状況であった。このようなスポーツ団体のガバナンス不全の状況を受けて、２０１８年11月にスポーツ議員連盟からＪＯＣ、ＪＳＰＯ、ＪＳＰＡの統括団体がＮＦのガバナンスコードへの適合性審査を実施するよう求めた「スポーツ・インテグリティ確保のための提言」が出された。この提言を受け、スポーツ庁ではスポーツ審議会の下にスポーツ・インテグリティ部会が設けられ、スポーツ団体が適切な組織運営を行うために自ら順守すべき原則・規範としてＮＦ用と一般スポーツ団体向けの二つの「スポーツ団体ガバナンスコード」が、この座談から数カ月して出された。現在、ガバナンスコードの適合性審査に向けて円卓会議で具体的な実施方法を検討中である。なお、円卓会議はスポーツ庁、ＪＳＣ、ＪＯＣ、ＪＳＰＯ、ＪＳＰＡの代表者によって構成される。

9 スポーツ団体が順守すべきガバナンスコードは、NF用が13の原則、一般スポーツ団体向けは6の原則が示されている。たとえば、NF用では、基本計画の策定、役員体制の整備、規定の整備、ガバナンスの確保とコンプライアンスの強化、情報開示、危機管理及び不祥事対応等についての具体的原則が示されている。役員体制の整備では、目標として25%以上の外部理事や40%以上の女性理事を登用すべきとすることが示されている。また、座談で話題に出た理事の任期については、理事が長期間にわたって在任すると権限が集中し強権的運営となる弊害が危惧されるので、原則として10年を超えて理事に在任できないとすることも示された。

10 カント（Immanuel Kant、１７２４年〜１８０４年）は近代哲学の祖と称されるドイツの哲学者。彼の残した三批判書（『純粋理性批判』『実践理性批判』『判断力批判』）は、彼以後の西洋哲学に大きな影響を残した。カントによれば、理性とはすべての人間に備わっており、正しく理性を使えば、人間の誰もが同じ答えに到達するという。したがって、人が正しく理性を使えば、人殺しはいけないという結論に至る。佐伯氏は、スポーツ状況が常に歴史的かつ社会的に変化・流動するという現実から、スポーツの世界では「唯一絶対の規範」が存在するのかという友添の問いに、座談でカントの理性論を念頭に置きながらも、それは難しいと答えたことになる。

11 ブルデュー（Pierre Bourdieu、１９３０年〜２００２年）はフランスの社会学者。「資本」「ハビトゥス」などの新しい概念を提起しながら、人文・社会科学の多くの分野に影響を与えた。「界」は「資本」「ハビトゥス」と並んでブルデュー社会学の主要概念である。元来、「界」とは、フランス語でchamp、英語でfieldに相当する語であり、物理学では「場」と訳される場合もある。ブルデューは現代社会を全体的な社会構造から相対的に自律した複数の空間が機能的に分化している社会であると捉え、それぞれの分化した領域を界という概念によって表現した。

座談の佐伯さんの文脈に沿って言えば、スポーツによって構成される領域（場）は、その内部では様々な思惑によって、またその外部では政治や経済等の強い力によって、スポーツという界がまとまらず弱体化している現状では、モラルなどつくられるべくもないということになる。詳しくは、以下の文献を参照されたい。平石貴士（2013）サブ・カルチャーの記号論としてのブルデューの界概念―象徴構造の差異化・分化―、『立命館産業社会論集』、第49巻第1号、pp.127-144。

12 ノルベルト・エリアス（Norbert Elias、1897年～1990年）は、ユダヤ系ドイツ人の社会学者。主な業績には座談で述べられる文明化の過程研究がある。

13 12世紀後半に成立したと言われる後白河法皇撰の歌謡集。当時の民衆の生活を反映したものも伝えられている。梁塵秘抄の四句神歌に「遊びをせむとや生まれけむ戯（たはぶ）れせむとや生まれけむ遊ぶ子どもの声聞けばわが身さへこそゆるがるれ」がある。

第4章

これからの社会と新しいスポーツのあり方を構築するために

―第４章ナビゲーション―

筋骨たくましい男性が、勝利をめざして日々努力を重ね、見事栄冠を勝ち取るという、涙と汗と栄光に彩られたスポーツの風景は大きく変わり始めています。本章の冒頭の対談で山口香さんは「スポーツは社会を映す鏡」とお話しくださいましたが、頑健な男性を前提としてつくり上げられてきたスポーツは、今、社会の大きな変化と共に激しく変わろうとしています。むしろ、変わるスポーツのあり様が社会の変革に大きな力を発揮するかのようです。本章では、これまでのスポーツのあり方を相対化して反転させてしまうスポーツのあり方について、そしてまた、これまでのスポーツを全く新しい次元に組み替えようとすることに挑戦する方々との対談を取り上げました。

第2章でも登場いただいた山口香さんは、本章の女性スポーツをめぐる対談で、女性を対象とした施策に、当の女性の目線が反映されていないのではないかと問題提起されます。さらに、2012年のロンドンオリンピックでは、初めてすべての種目で女子選手が参加できるようになりましたが、これは本当に女子選手が望んだものなのかと疑問を口にされます。真の平等を担保するためには、何よりも当事者性の尊重が不可欠であることが対談の底流に流れているように思います。

二つ目の対談で、ビジネスの第一線の世界から、ご本人が考えもしなかったというパラスポーツの世界に飛び込まれた山脇康さんは、スポーツには社会を変革していく可能性があると力強く述べられます。しかし同時に、スポーツ界の閉鎖性を指摘され、長くスポーツ界にいる人たちがスポーツの価値と役割に気づいていないのではないかと対談でお話しになられました。スポーツ界の外の視点に立ち、さらにパラスポーツの世界から、山脇さんが感じられたこれらの指摘は、傾聴に値するもので、とても大切なものだと痛感します。

ところで、先進諸国の若い人たちを中心にeスポーツは、圧倒的な人気を博しています。また、海外では大きなマーケットが形成されています。eスポーツの推進を担っておられる平方彰さんは対談で、eスポーツこそ、年齢、性別、障がいの有無にかかわらず、誰もがいつでも、どこでも手軽に楽しめるスポーツだと話されます。そして、何をスポーツと考えるかは、時代と社会とそこに生きる人々が決めるものではないかとも提起されます。平方さんとのお話を通して、激しい身体活動を前提としたスポーツ観の相対化の先にこれからの新しいスポーツがあることを再確認しました。

自称「スポーツ音痴」で「隠れスポーツ弱者」の澤田智洋さんが創案された「ゆるスポーツ」は、新しいスポーツの代表格だと思います。近代スポーツが重視する能力を無力化し、近代スポーツで無視されてきた母性や優しさを勝敗を左右するポイントに置くという発想は極めて斬新でユニークです。近代スポーツを相対化し、反転させたところにこそ、ゆるスポーツの限りない魅力があるのでしょう。対談では、まさに「目から鱗が落ちる」お話をうかがいました。

本章の最後の対談に登場いただいた有森裕子さんに、私は凛とした強さと優しさをいつも感じています。対談でもお話しくださいましたが、旧態依然のスポーツ界を相手に、援軍もないまま、プロアスリートとして肖像権をめぐって一人立ち向かわれた姿からは、スポーツ界のパイオニアとしての強さを感じます。その際、「特例ではなくて前例に」と強くこだわった有森さんの姿勢から、またカンボジアの内戦からのスポーツを通しての復興への貢献とスペシャルオリンピックスへの継続的な取り組みから、私たちは多くのものを学ぶことができるのではないでしょうか。

1 ［対談］女性スポーツのこれまでとこれから

―今回お話しする人― 山口　香

（2018年12月27日収録）

山口香と柔道――女性スポーツの嚆矢として

友添　早速ですが、山口さんと言えば女三四郎、柔道を思い浮かべるという方が少なくないと思います。まずはその柔道との出会いや関わりについて、お教えいただけますか。

山口　小学校1年生の時に、「姿三四郎」というテレビドラマを見て、柔道をやってみたいと思うようになりました。はじめは、「お稽古事」という感覚でしたね。

友添　そこからどのようにして強くなっていったのでしょうか。

山口　たまたま近所にあった道場に入ったのですが、そこの先生が非常に熱心な方でした。月曜から土曜まで毎日練習があるような…。こうした、ある種のエリート教育を受けていたことが一つと、もう一つは、同世代の選手との実戦経験の差です。当時は小学生女子の試合はどの大会でも行われていない時代でしたが、私は運よく男子に交じって試合に出ることができていました。このような恵まれた環境に後押しされて、強くなることができたのだと思います。

友添　世界選手権に初めて出場したのはいくつの時でしたでしょうか。

山口　15歳、高校1年生の時でした。ちょうど世界選手権が初めて開催された1980年のことです。

友添　その初出場から5大会連続出場、第3回大会では日本人女子で初めての優勝と輝かしい実績を残されています。高校卒業後は筑波大学に進学し、筑波大学柔道部初の女子部員でした。男性しかいない場所へ入っていくことに抵抗はありませんでしたか。

山口　なかったと言えば嘘になりますが、自分が成長するにはそこにいくべきだという思いで入部を決意しました。ただ、今振り返れば、実は抵抗があったのは私よりも男子部員、監督、コーチだったのではないかと思います。

友添　当時の大学柔道部に女子部員が入るというのは信じられないような話でしたからね。

山口　女子部員を受け入れる土壌がほとんどなかったので、こちらが主張しないと気づいてもらえないことが多々ありました。たとえば遠征時に女子更衣室があるかどうかなど…。このような環境に身を置いていたので、自己主張するということに関しては、非常に鍛えられたと思います。

友添　１９８８年のソウルオリンピックで、公開競技として初めて女子柔道がオリンピック種目に採用されました。山口さんはそこで銅メダルを獲得し、その名が全国に知れ渡るようになりました。女性がスポーツで競い合いをする、もっと言えば、女性の社会参加が国民の中で受け入れられた瞬間でもあったように思うのですが。

山口　ソウルオリンピックが開催された頃は、男女雇用機会均等法の施行（1986年）や育児休業制度施行（1992年）など、国内でちょうど女性の社会参加が叫ばれ始めた時期でもありました。そのような時代に女子選手がオリンピックでメダルを獲った、それも男性的なスポーツと認識されていた柔道で。こうした一連の経緯があって、世間から注目してもらえたのだと思います。

友添　1994年に、第1回世界女性スポーツ会議がイギリスのブライトンで開かれ、ブライトン宣言[*1]が出されました。この会議は、各国のスポーツ政策の関係者280人が集まった女性とスポーツに関する初の国際会議でした。この会議の中で、スポーツのあらゆる分野での女性の参加を求めた「ブライトン宣言」が採択されました。宣言では、行動計画を指導する10の原則・原理が提言されています。その中で「社会とスポーツにおける公平さと平等」が訴えられていますが、興味深いのは、社会とスポーツが同列に扱われていること、つまり、これらが密接な関係にあるということが示された点です。今の山口さんのお話は、それを示す象徴的なエピソードでした。

しかし振り返れば、柔道の創設者である嘉納治五郎氏も、近代オリンピックの父・クーベルタンも女性がスポーツの試合に出ることには反対していました。実際に、第1回目のオリンピックでは女人禁制。第2回目では参加こそしていますが、参加者1066人中女性は12人（約1％）、種目もゴルフとテニスに限られていました。

山口　そのような歴史を、今の若い選手にも知っておいてほしいと思っています。先達が道を切り拓いてきたからこそ今の自分たちがあるのだということを知らずに今だけを見ていると、この先の女性スポーツは先細りしてしまうのではないかと危惧します。

女性スポーツの今

友添　オリンピックの日本選手団における女子選手の占める割合は近年増加傾向にあります（2016年リオオリンピック＝48・5％。冬季オリンピックではより顕著で、2014年ソチオリンピック＝57・5％、2018年平昌オリンピック＝58・1％）。また、夏季オリンピック直近の4大会では、金メダル獲得数は女子の方が多いという結果も出ています。

山口　そのような結果が出ていることが、実はもろ刃の剣でもあります。つまり、「結果を残しているのだから、女性スポーツは今のままでいい」と思われてしまうのです。しかし、女性スポーツ全体を見れば、決してそうとは言えない現状があります。たとえば、小学校期のスポーツ少年団では、女子だけではチームが組めず〝男子の中に入れてもらっている〟状況があります。小学校期では体格差がほとんどないので、このことは大きな問題にはならないと思いますが、中学校ではそうはいきません。やりたい種目の部活がないなどのシステム上の理由で、種目を変えざるを得なかったり、能力のある子がスポーツからフェードアウトしてしまっていたりするのです。
　私が座長を務めたスポーツ庁の「スポーツを通じた女性の活躍促進会議」では、そのような基盤が脆弱であると言わざるを得ない女性スポーツ全般の現状と課題を洗い出す作業に取り組んでいます。

友添　トップスポーツにおける女子選手の活躍は華やかに見えますが、根っこの部分には大きな問題があるということですね。私は女性スポーツに関して、女性の指導者が少ないことやスポーツ組織・団体における女性役員の割合が極端に低いことを問題視しています。

山口　スポーツは社会を映す鏡だと言われます。友添さんがご指摘になられた問題は、日本社会全体においても同様のことが言えるような気がします。社会全体が変わらない中で、スポーツ界だけが変わるというのはなかなか難しい。もちろん、だから諦めようという話ではなく、スポーツ界から社会に訴えかけていくような姿勢を持つことは重要です。リオオリンピックでは、帯同した指導者のうち女性は約2割に過ぎませんでした。オリンピックのように長期の宿泊を伴う遠征では女性ならではの問題が起こり得るといったことを考えると、現在の状況は見直していく必要があると思います。

友添　女性特有の問題に無知な男性指導者は、残念ながら少なくありません。その最たる例が、2013年に女子柔道のナショナルチームで起こった悲劇だと思います。男性指導者は、暴力的指導はかつての男子の選手を指導する場合に許されてきたという感覚で、女子選手に暴力を振るい、自分が悪いことをしているとは思っていない。しかし、女子にとってはそれが苦痛であった。このようなことが二度と起こらないようにしていかなければなりません。

山口　男性と女性には違いがあり、男性ならでは、女性ならではのマインドがあるということを理解しておく必要があります。それが理解されずに押しつけられると、いろんなひずみが生まれてしまいます。しかし、男性指導者が女子選手を指導することが一律に悪いというわけではありません。女子を指導するのが上手な男性指導者もたくさんいらっしゃいます。そのことを踏まえれば、数は少なくとも女性の意見が必ず反映されるような組織・団体のあり方が模索されるべきではないかと思います。

女子選手特有の課題

友添　先にも少し触れましたが、女子選手特有の課題に焦点を当ててみたいと思います。女子アスリートの三主徴と言われるエネルギー不足、無月経、骨粗しょう症の問題、そして最近は、陸上競技の女子長距離選手の鉄剤注射問題が大々的に報道されました。鉄剤注射は、本来は重度の貧血治療のために使用されるものですが、一部のチームではそれを持久力を向上させるために使用していたと言います。問題は、鉄剤がドーピング禁止リストに入っておらず、それに対する罰則が設けられていないことでしょう。しかし、鉄剤の過剰摂取は心臓や肝臓に障がいをもたらすことがわかっており、事態を重く見た日本陸連は、鉄剤の摂取を一律に禁止しました。

山口　主観に過ぎませんが、女性は一つの目標を持つと、それに向かって盲目的に突き進むような傾向があるのではないかと思います。そのような状態の時に、信頼している指導者からこれをすれば強くなれると言われれば、何の疑いも持たずに受け入れてしまうのかもしれません。そのようなことを防ぐためにも、選手が自分自身の身体について知ること、知識を持つことが何よりも大切です。

別の視点として、選手の強化において、男子と女子の境目がなかったことに根本的な問題があるのではないかと思います。男女には発育発達、生理的機能に大きな違いがあるにもかかわらず、男子の強化策を女子にもそのまま適用するといったことが当たり前に行われてきたのではないでしょうか。私はそこから脱却していかなければ、今の女子選手の好成績は続かなくなってくると思っています。

友添　というと。

山口　従来の指導法でも結果を出してきた選手はいます。これは紛れもない事実ですが、実は中には高いポテンシャルを持ちながら潰れてしまった選手も数多くいるわけです。現在の日本の女子選手の活躍は、確かに顕著だと言えます。ところが、世界的に見ると女子の強化に力を入れている国は男子に比べれば少ないのが現状で、その競争力の中で、日本は勝っているのです。では、諸外国が女子の強化に本格的に力を入れてきたらどうなるのか。そうなった時に指導法を見直すのでは遅きに失すると思います。

女子生徒と学校体育

友添　水泳で活躍した伊藤華英さんが、引退後、競技生活の中で、生理で苦しんでいたことを告白されました。周りに相談できる人もおらず、婦人科を受診するという発想も到底思い浮かばなかったと。このようなことが、運動部活動に励む女子生徒の中でも起こっているのではないかと思います。

山口　部活に限らず、たとえば体育の水泳の授業で、思春期で体が変化している中、水着を着るのが嫌な女子生徒は多くいます。そういった生徒たちに対して、授業だからと一律に同じことを求めれば、「体育嫌い」を生み出す原因にもなりかねません。

友添　思春期の女子生徒が男性教師に身体的な変化や生理のことを相談するのは現実的とは言えません。そう考えると、できるだけ女性教師を配置する、あるいは養護教諭と連携・協力するといったことが推進される必要がありそうです。

山口　女性教師だから相談しやすいわけでもないと思います。ともすれば、女性教師の方が厳しいという場合もあります。

友添　学校体育関連で、中学生女子のスポーツ嫌いの割合は20％を超えているというデータがあります。体育教師はこの現実にどう向き合えばよいのでしょうか。

山口　特に女子生徒に対しては、スポーツのイメージそのものを変えていく必要があるのかもしれません。スポーツが嫌いだという生徒も、実は体を動かすこと自体は嫌いではない（むしろ好き）という場合が少なくありません。そのような生徒がどういうスポーツだったら楽しく取り組めるのかを現場の教師や研究者が考えていく必要があります。

真の平等を考える

友添　一般女性とスポーツに関する気になるデータがあります。20〜40代の女性のスポーツ参加実施率（週1回以上実施）が、男性や女性の他の世代と比べて低いというのです。

山口　このような数字が出てくると、どうすれば女性がスポーツに参加できるかという議論になっていくのだと思いますが、そこに懸念があります。スポーツに限らず、女性を対象とした施策には、当の女性の目線が反映されていないのではないかと思われるものが少なくありません。しかし、先にも述べたように、男性・女性のマインドには違いがあります。女性を対象とした施策を打つのであれば、実際に女性の声・ニーズを聞いた上で、それに応えるようなものであってほしいと思います。

友添　女性スポーツに関する議論をしてきましたが、本来はそれだけに着目しなくてもいい時代にしていかなければならないということを忘れずにいたいものです。最後に、言い残したことがあれば。

山口　２０１２年のロンドンオリンピックは、採用された26種目すべてが男女ともに行われた画期的な大会でした。それをもって、オリンピックでは男女平等が実現したという声もあります。しかし、そもそも男子で行われていた種目が女子でも行われるようになっただけで、女子がやりたい（選んだ）26種目なのかということは問われていない。こうした事実に目を向けて〝真の平等〟とは何かを丁寧に検討する必要があると思います。そしてそれは、スポーツに限った話ではありません。女性スポーツを切り口にして、社会がよりよくなっていくためにどうすればいいかを考えていきたいと思います。

2 ［対談］障がい者スポーツは日本のスポーツをどう変えるか

（２０１９年２月６日収録）

―今回お話しする人― 山脇 康

友添 今日は日本パラリンピック委員会（ＪＰＣ）委員長で東京オリンピック・パラリンピック競技大会組織委員会副会長でもある山脇康さんと「障がい者スポーツは日本のスポーツをどう変えるか」というテーマで議論していきたいと思います。まずは障がい者スポーツを統括する団体や組織のことについてお教えいただけますか。

山脇 日本障がい者スポーツ協会（ＪＰＳＡ）が娯楽性の高い障がい者スポーツから競技性の高いパラリンピック競技まで、障がい者スポーツのほとんどをカバーしていると言っていいと思います（図表４-１組織図参照）。その内部組織の一つが、ＪＰＣということになります。

友添 ＪＰＣは、簡単に言えばＪＯＣのパラリンピック版、つまり、競技性を追求し、パラリンピック大会での日本選手の活躍を推進しようとする組織だと理解しています。

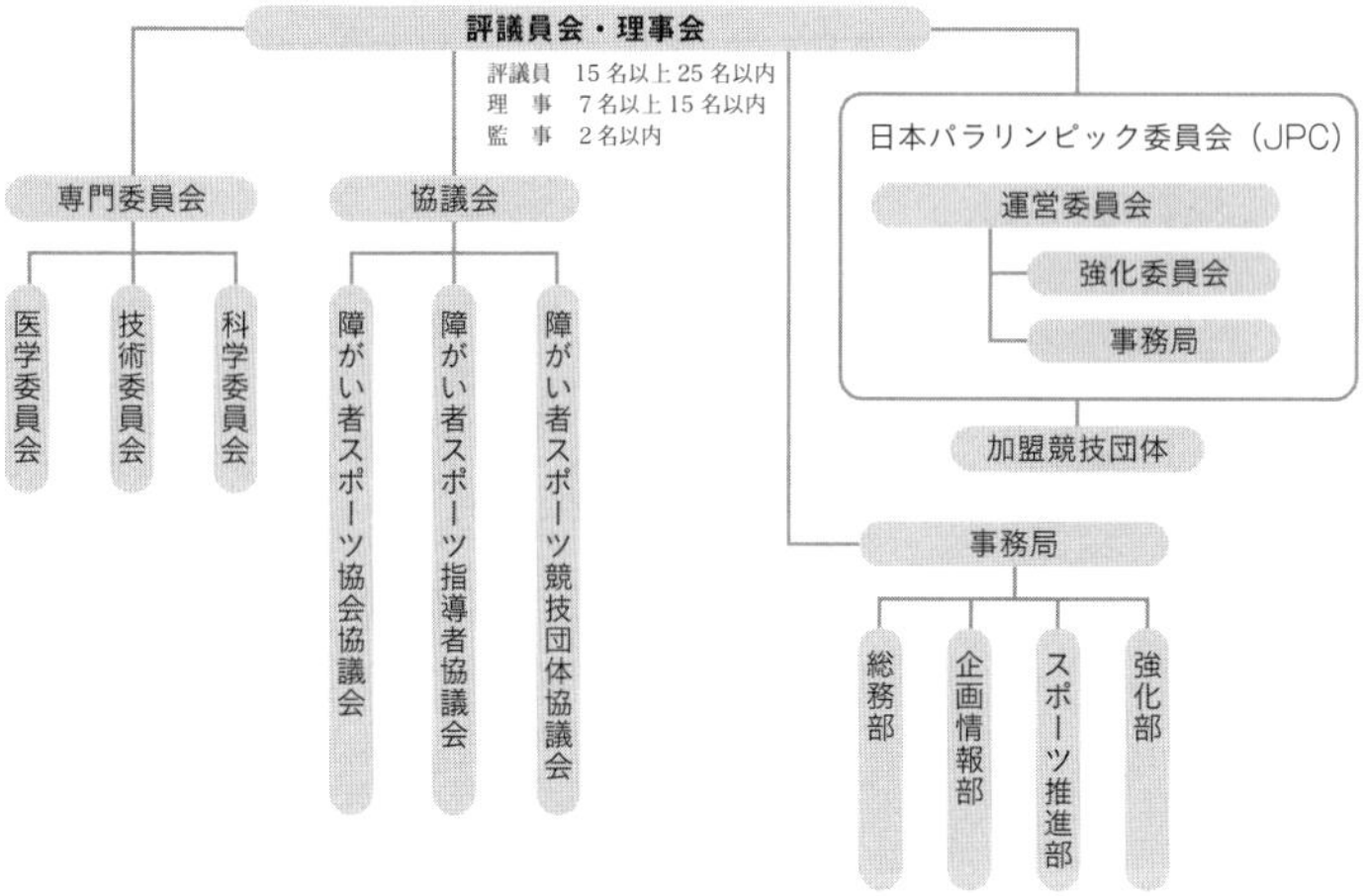

図表４-１　日本障がい者スポーツ協会の組織図（HPより）

山脇　ＪＰＣは、１９９９年に発足しました。自国開催の１９９８年長野パラリンピック冬季大会の盛り上がりを背景に、諸外国と比べて遅れがちであったパラスポーツの発展を促すことが発足当初からの目的です。

ビジネス界の視点から見たパラリンピック

友添　ところで山脇さんはどういう経緯でＪＰＣに関わるようになったのでしょうか。

山脇　公私ともにお世話になっていた東京ガス・元会長の鳥原光憲さんがＪＰＳＡの会長をされていたことが大きなきっかけです。勤め先である日本郵船の役員を退く時期に、鳥原さんからこの仕事を手伝ってほしいという要請があり、お引き受けすることにしました。実はこの話をいただくまで、ＪＰＣ

どころか障がい者スポーツとの関わりはほとんどありませんでした。知っている選手はテニスの国枝慎吾選手と、たまたま日本郵船に所属していた射撃の田口亜希選手ぐらい。そんな私がJPSAの理事・JPC副委員長を拝命して、2012年のロンドンパラリンピックを現地で目にした時、パラリンピック、パラスポーツに対する見方が大きく変わりました。すごいことが行われている、面白いと。

友添　ビジネスの世界で生きてこられた山脇さんから見たスポーツ界とはどういうものでしたか。

山脇　柔軟性があまりないのかなというのが第一印象でしたね。職業柄、グローバルな視点で世界の人々と仕事をしてきたせいもあってか、日本のスポーツ界のある種のドメスティックさは自分にとっては異質に思えました。

友添　私は長年スポーツ界に身を置いていますが、そのご指摘には深く頷けます。これでも外に開かれてきた方ではあるのですが…。

山脇　しかし、ビジネスの考え方とオリンピック、パラリンピックには共通する部分もあると思っています。とりわけパラリンピックでは、かなりしっくりくる部分がある。ビジネスでは、「ビジョン—ミッション—ストラテジー」の三つが大事だと言われますが、国際パラリンピック委員会（IPC）も基本的には同様の考えを持っていると思います。「パラリンピックムーブメントの推進を通してインクルーシブな社会を創出すること」という明確なビジョンの下、様々な活動が展開されています。

友添　アカデミックな言葉で言うと、パラリンピックという〝装置〟を用いて、社会変革を促そうとしているということだと思います。

山脇　私が現地で見たロンドンパラリンピックは、「インスパイア・ア・ジェネレーション」（日本語訳で「次世代に息吹を」）を大会のモットーに掲げて開催されました。大会後イギリスの友人と話をすると、「俺たちはパラリンピックで変わったんだ」「みんなが笑顔になったんだ」と言うのです。このことから、パラリンピックには人々の意識を変えて、社会を変革していく可能性があるのだということを実感しました。そしてその社会を変えていく主人公がパラアスリートだと思っています。

友添　イギリス国民がオリンピック・パラリンピックにインスパイア（啓発）されたことは、大会の市民ボランティアの数にも表れています。この大会は、将来のオリンピック・パラリンピックのあり方を暗示する大会だったと評する声もあります。

〝治療のため〟から〝自己実現のため〟のスポーツへ

友添　パラリンピックの歴史を簡単におさえていきたいと思います。

山脇　パラリンピックの始まりは、イギリスのストーク・マンデビル病院の医師ルードウィッヒ・グットマン卿の提唱によるものと言われています。彼は、戦争で負傷し、治療を受けている兵士の体力を増進させ、自尊心や自信を取り戻し、生活を変え、社会復帰させるためには、スポーツの力が有効だと信じていました。そこで、脊髄を損傷した患者たちのために、1948年に最初のスポーツ大会を開催しました。そこで行われていたスポーツが競技会へと発展し、1952年にパラリンピックの前身となる国際ストーク・マンデビル大会が開催されました。そして1964年、わが国初のパラリンピック（当時はまだパラリンピックという名称は公式には用いられていなかった）が東京で開催されました。

友添　脊髄損傷の患者の治療の一環としてスポーツが行われていた、つまり、当初は障がいのある人にとってのスポーツとは、あくまでも治療のための手段という位置づけであったと言うことができると思います。しかし今のパラアスリートを見ていると、どうもスポーツが手段ではなくなり、自己実現や自らの存在証明のために行われているように見えます。

山脇　障がいにも先天性と後天性の二つがあり、両者には異なる点が多々あります。後天性身体障がいのアスリートに話を聞くと、昨日まで動かせていた部位が急に動かせなくなることは人生のどん底に落とされた気分であったと。中には、一生そのことを悔やんで立ち上がれない人もいます。しかし、パラアスリートは運よくスポーツに出会っているのです。そこから、苦悩がありながらも、ポジティブなマインドが引き出され、さらに今ある能力をフルに使って活躍の場を見出しています。冒頭に紹介した田口選手も脊髄の病気で車いすでの生活を余儀なくされた時、たまたま知人に射撃を勧められ、やってみるようになったと言っています。実際に彼女の試合を見たことがありますが、彼女の集中力は本当にすごかった。アカデミックな裏づけがあるわけではありませんが、ある機能を失うことで他の能力が覚醒する、潜在能力が開花するといったことがあったのではないかと思います。

友添　ＩＰＣ公認のパラリンピック教材に、「I'm POSSIBLE」がありますが、ある時、間違えてそれを「Impossible」と言ってしまったことがあります。でもその時気づきました。「I」と「m」の間の「'」があるかないかというちょっとした違いなんだと。ちょっとした工夫で「Impossible」を「I'm POSSIBLE」に変えることができるのだと。パラアスリートは、そのことをまさに体現しているのではないかと思います。

山脇　I'm POSSIBLE教材には、そのような意味合いが込められていると思います。

パラリンピックはスポーツ

友添　ここ数年、パラリンピックへの後押しは過去に例を見ないほど大きいものがあります。厚労省から文科省、スポーツ庁への管轄の移管、東京大会開催の決定…。このブームは2020年まで続いていくと思いますが、その後は難しい時代がやってくるのではないかという心配の声も聞こえます。

山脇　2020年までにパラリンピックは「スポーツ」だと認識してもらうことが何よりも大事だと考えています。障がい者ががんばっている、という見方ではなく、純粋にスポーツとして捉えてもらえるようにしたい。そのために、パラアスリートに最高の環境を準備し、最高のパフォーマンスを発揮してもらうことが大切です。

友添さんがご指摘されたように、いわゆる「レガシー」を考えることはもちろん大切です。しかし、パラリンピックはレガシーのためだけにやるわけでもありません。今はとにかく2020年までにできることをすべてやろうと考えています。いかに多くの人を巻き込んで、パラリンピックをもっと一般的、日常的なものにするか。それが実現できれば、どう続けられるかが見えてくると思います。

友添　話が逸れますが、山脇さんはスポーツ庁の「スポーツ審議会」の会長も務められています。ＪＰＣの委員長が日本のスポーツ政策の中心に位置づくスポーツ審議会のトップというのは、わが国のスポーツのこれからを考えた時、非常に意義深いことではないかと思います。

山脇　私はスポーツ界の出身ではないので、あまり専門的で細かい話はできません。スポーツ審議会では、会長代理の友添さんをはじめ有識者の皆さんのお話を聞いて、私のこれまでの経験と視点から助言する、という立場です。

友添　２０１７年の第二期スポーツ基本計画（２０１７年度～２０２１年度の日本のスポーツ5カ年計画）は山脇会長の下出されたものです。ここで・スポーツで「人生」が変わる・スポーツで「社会」を変える・スポーツで「世界」とつながる・スポーツで「未来」を創るという四つのキャッチコピーが示されていますが、背景には、山脇さんのパラリンピックへの思いも含まれていたのではないかと推察するところです。

山脇　スポーツは社会を変える大きな可能性を秘めていると私は確信しています。経済界の知人も口をそろえてそう言います。しかし、ややもすれば、長くスポーツの世界にいらっしゃる人たちはこの素晴らしいスポーツの価値と役割に気づいていないようにも思えます。

障がい者が気軽にスポーツに取り組めるようにするために

友添　障がいのある方がスポーツにアクセスしづらいといったことが課題とされていますが、この点についてはどうお考えでしょうか。

山脇　全国に障がい者専用・優先スポーツ施設が約130カ所あることがわかっています。しかし、だからと言って身近にあるとは限りません。その意味で施設の充実は欠かせませんが、現実的にはたくさんの新施設をつくっていくのは困難です。と考えると、既存のスポーツセンターや総合型地域スポーツクラブ等を障がいのある方でも気軽に利用できるようにしていくことが大切ではないかと思います。

友添　そのためには、既存のスポーツの概念や枠組みを変えていく必要があるのではないでしょうか。たとえば「ボッチャ」のように、心拍数を上げて、体を鍛える…という従来のスポーツ観とは違う楽しみ方があるスポーツを積極的に取り入れていくとか。実際に健常者が障がい者スポーツをする、といったことも珍しくはなくなってきているようです。

山脇　実はわが国の「ボッチャ」代表チームは世界ランキング2位。健常者ががんばっても彼らにはなかなか敵わないと思います。

友添　その他にも「超人スポーツ」[*2]や「ゆるスポーツ」など、障がいの有無にかかわらず取り組めるスポーツが様々開発・提案されています。

山脇　一方で、大人がバリアをつくっている状況もあるのではないかと思います。たとえば学校の体育授業で、障がいのある子は一律見学にさせるといった授業が少なくないようですが、私はそれはもったいないと思います。その状況を子どもたちに任せれば、障がいのある子も参加できるようなルールを考え出す場合もあるでしょう。もしかすると、子どもの方が柔軟な対応をすることができるかもしれない。そしてこのことは、インクルーシブな社会をつくる一つのきっかけにもなり得ます。

東京2020パラリンピックの展望

友添　最後に東京2020パラリンピックの展望をお聞かせください。

山脇　団体競技では、先にも出た「ボッチャ」や「ウィルチェアーラグビー」などがメダル候補です。水泳の木村敬一選手（全盲）、鈴木孝幸選手（両大腿、右手欠損）も同様です。さらに伝統的に陸上競技はレベルが高いので注目です。ただこれらに限らず、まずは実際に足を運んで競技を見てほしいというのが私の第一の願いです。

友添　目の前でパラリンピックが見られる機会など、この先滅多にないでしょうからね。

山脇　パラリンピックには、「勇気」「インスピレーション」「強い意志」「公平」の四つのバリューがありますが、実際に選手を見ると、これらのことをより実感を持って（言葉だけでは理解が難しいことも）理解してもらえると思います。

3 ［対談］eスポーツのこれまでとこれから

（2019年3月29日収録）

―今回お話しする人― 平方 彰

友添　eスポーツは瞬く間に日本社会に浸透し、2019年の茨城国体の文化プログラムで、初の全国都道府県対抗eスポーツ選手権が開催されることになりました。今、eスポーツには、既存のスポーツ概念そのものを変えてしまうほどの大きな勢いがあると言っていいでしょう。今回は一般社団法人日本eスポーツ連合（JeSU）専務理事の平方彰さんと、eスポーツがどのようにして日本社会に浸透してきたのか、私たちはこれからeスポーツとスポーツの関係をどう考えていけばいいのかといったことを議論していきたいと思います。

さて、平方さんはもともと電通のヤリ手営業マンとしてスポーツ界に大きな影響を与えてこられました。一例を挙げると、2009年ワールドベースボールクラシック（WBC）時の〝侍ジャパン〟の名づけ親だとか。そんな平方さんがeスポーツの世界に飛び込んだのはなぜだったのでしょうか。

平方　２００７年にマカオで開催された第2回アジア室内競技大会（アジア大会の室内版）にｅスポーツが採用され、日本からも選手を派遣することを考えなくてはならないことになりました。アジア室内競技大会はＯＣＡ（アジアオリンピック評議会）が主催の大会ですので、日本選手の派遣はＪＯＣが行うことになります。しかし、当時はｅスポーツの協会や団体などがない時代。では誰が選手を派遣するのか…。このような状況の中で、当時電通のスポーツ局企画部長だった私に声がかかり、ｅスポーツ界と接点を持つようになりました。

友添　２００７年というと随分前ですね。それ以前から平方さんはｅスポーツのことをご存知だったのでしょうか。

平方　いえ、ほとんど知りませんでした。しかし、関係者に話を聞いてみると、海外ではすでに盛り上がりを見せていて、賞金1億円以上を稼ぐ人もいると。また、お隣の韓国では、国策としてインターネット環境の整備を行っていた時期でもあり、その流れでｅスポーツが広まっていったようです。こういった情報を総合すると、日本でも可能性があるのではないかと思いました。

ｅスポーツ？ｅゲーム？

友添　「ｅスポーツ」という言葉は社会に浸透していますが、それが何なのかをわかっているようでわかっていない人もいるのではないかと思います。

平方　ｅスポーツは、「エレクトロニック・スポーツ（electronic sports）」の略で、「コンピューターゲームやテレビゲームで行われる対戦型ゲーム競技」のことを指します。また、「同条件で競い合うこと」、つまり、公正のルールに従って競技を行うことを大切にしています。

友添　２０１９年３月に全国高校ｅスポーツ選手権[*3]が開催され、大きく報道がなされました。今後は、学校の部活動としてｅスポーツを採用するような動きが増えてくるかもしれません。

平方　実はｅスポーツと関わり始めた頃から、ｅスポーツの普及には、中学校・高校で「ｅスポーツ部」をつくらなければいけないということを考えていました。そして実際に、ある公立高校の校長先生とｅスポーツ部をつくろうと動いたことがあります。すると、保護者から厳しい意見が寄せられた。「ｅスポーツ部って何だ」に始まり、「（公立であるため）なぜ税金を使ってゲームを買うのか」「勉強しなくなったらどうするんだ」と。教員の中にも同様の意見を持つ人が多く、結局実現することはできませんでした。これが２０１６年の話です。

友添　それから3年が経過し、ｅスポーツを取り巻く環境は激変したと思うのですが、今でも教員や保護者の中にｅスポーツへの強硬な反対意見を持つ人は少なくないでしょう。しかし、歴史的に見ても、新しいことが起ころうとする時には一つの事象をめぐって賛否両論、様々な意見が出るものです。

平方　私はこの事象が、「ダンス」に似ているのではないかと思っています。われわれが若い頃は、ダンスは不良ややんちゃな人がやるものだという印象があったように思います。しかし、今ではそのダンスが学習指導要領で必修として扱われています。

友添　社会学の専門家から、ｅスポーツは一時的なブームでは終わらず、言わば文化として社会に根づいていくだろうとの予測が示されています。ｅスポーツには人類が潜在的に持っているとされる「競争心」や「連帯感」を満たす機能が備わっているから――これは従来「スポーツ」が果たしてきた役割と言ってもいい――というのがその理由の一つです。こう考えると、「ｅスポーツ」と名づけたことに、先見の明があったのではないかと思います。「ｅゲーム」と言わずに、あえて「ｅスポーツ」と言ったのはなぜだったのでしょうか。

平方　ｅスポーツという表現は２０００年頃から使われています。ｅスポーツで大事にしていることは「競い合う」ということです。このことをより的確に表現できるのは、「ゲーム」ではなく「スポーツ」ではないかと思います。たとえば、将棋やチェスは「マインドスポーツ」と言われていますが、ｅスポーツも意味合いとしてはそれに近いものがあると思っています。

ｅスポーツはスポーツか

友添　ｅスポーツの市場規模について調べてみると、その莫大さに驚きました。総務省の報告書によれば、２０１7年のｅスポーツの全世界での市場規模は約７００億円、視聴者数は3億３５００万人とされています。これが２０２1年になると、市場規模は約１７６５億円、視聴者数は5億５７００万人になると予想されています。この中で、日本の市場規模はどの程度なのでしょうか。

平方　現時点では、48～50億円／年と言われています。予想では、右肩上がりに市場は大きくなっていき、2020年には100億円に到達しているのではないかというデータも発表されています。

友添　市場の拡大もさることながら、eスポーツは2018年夏のアジア大会で公開種目として採用され、日本代表選手はサッカーゲーム「ウイニングイレブン」で金メダルを獲得しています。次回大会、すなわち2022年の杭州アジア大会では正式種目になる見通しなのでしょうか。

平方　2022年と次の2026年大会では正式種目になるということが一度発表されたのですが、2018年のアジア大会期間中に、国際競技連盟（IF）がないということでその判断は保留されています。ですので現時点では、公開種目になるか正式種目になるかは決まっていません。

友添　2024年のパリオリンピックの大会組織委員長がeスポーツの採用に前向きな発言を繰り返しています。一方で、IOCのバッハ会長は、一時肯定的と取れる発言をしていた時期があったものの、2018年12月のIOCサミットで、eスポーツの採用には慎重な姿勢を示しました。その要因として「既存のスポーツとeスポーツは若者の時間を奪い合う関係」であり、「eスポーツは身体活動を伴わない」ことが挙げられています。要するに、身体活動を伴わなければスポーツではないと判断したということでしょう。スポーツには、「遊戯」「競争」「大筋活動」の三つの要件が必須であり、大筋活動を伴わないeスポーツはスポーツたりえないと。

平方　考え方はそれぞれなので、何かが正しくて何かが間違っている、ということはないと思います。ただ、しいて言うならば、私はそのスポーツの三要件に「スポーツ発祥のルーツ」や「時代の背景」

も加えてもらいたいと思っています。大筋活動がスポーツの一要件だというのは、おそらく体を動かすことが前提であった農耕社会が背景にあると思うのですが、たとえば、産業社会——特に自動車などの交通手段が発展した時代——を背景として生まれたスポーツとしてモータースポーツがありますよね。この文脈で、情報社会で生まれたスポーツとして「eスポーツ」がある。そう捉えてもいいのではないかと思います。

友添　全く同感ですね。こういった問題を語る時、あたかも「スポーツ」という概念が先にあって、そこに当てはまるか当てはまらないかでスポーツかどうかを判断しようとすることがあるのですが、そもそもそんな判断をする権限は誰にもないはずです。一つ条件があるとすれば、それは大衆（市民）が支持しているか支持していないかだと思います。市民が「eスポーツはスポーツだ」と言えばスポーツだし、「いや、違う」と言えばスポーツではない。たったこれだけのことです。と考えると、現在のeスポーツはスポーツと言って何ら問題はないということになるでしょう。

平方　よく「汗を流さなければスポーツじゃない」というロジックで「eスポーツはスポーツではない」と言われることがあるのですが、それはかつて「汗を流さなければ仕事じゃない」と言う人がいたことと同じだと思います。今そんなことを言う人はいませんよね。このように、時代の変化とともに、「汗を流さなければスポーツじゃない」という考えの人も減るのではないかと思っています。もちろん、そのためにはわれわれがeスポーツの地位向上に努める必要があります。

共生社会におけるeスポーツの価値

友添　ＩＯＣのバッハ会長は、一方で各競技団体にeスポーツとの関連を図るよう促してもいるようです。背景には若者のスポーツ離れがあるとされています。eスポーツでスポーツの体験をし、リアルなスポーツに発展させていこうとするねらいがあるようです。

平方　各競技団体とeスポーツとの連携は日本国内でも顕著に起こっていて、一例を挙げると、ゲーム会社のＫＯＮＡＭＩとプロ野球のＮＰＢが共催して、「eベースボール」なるものを開催（優勝賞金１２００万円）したりしています。今後もこういった連携は増えていくと思います。

友添　少し視点を変えて、共生社会という視点で見ると、eスポーツほど障がい者と健常者のハンデが小さいものはありません。

平方　eスポーツでは３レス、つまり「age（年齢）レス」「gender（性別）レス」「handicap（障がい）レス」を掲げています。年代を超えて、性別を超えて、さらにハンディキャップを超える。もっと言えば、健常者のスポーツの祭典がオリンピック、障がい者のそれがパラリンピックだとすると、この両方を兼ね備えている位置にあるのがeスポーツになるといいなと思っています。

友添　群馬県伊勢崎市のある介護福祉施設では、eスポーツ選手の養成所が開設され、障がいのある人をeスポーツ選手に育成するプログラムが実施されています（東京新聞Ｗｅｂ版２０１８年11月11日付）。まさに平方さんがイメージするような方向で、eスポーツは動き出しているようです。

と、ここまでｅスポーツの功罪の「功」の部分を見てきましたが、「罪」の部分にも目を向ける必要がありそうです。代表的なところとして、ＷＨＯ（世界保健機関）は、世界疾病分類の一つに「ゲーム障害」を加えることを決め、２０１９年5月に正式決定される見通しです。*4 厚労省の推計値によれば、わが国では、ネット依存（その多くがゲーム依存と言われる）の中高生が52万人いるとされおり、ゲーム依存は、自殺やうつを招く要因とされています。ｅスポーツの普及がそれに拍車をかけるのではないかという懸念もありそうですが、いかがでしょうか。

平方 この問題については、現在日本のゲーム界を司る3団体（ＣＥＳＡ・ＪＯＧＡ・ＭＣＦ）とＪｅＳＵで議論を進めていこうとしているところです。ｅスポーツでは何をもって依存とするのかということから研究をしていく必要があると考えています。

ＪｅＳＵが描く未来

友添 最後にＪｅＳＵの今後の展望をお聞かせいただけますか。

平方 先にも申し上げましたが、何よりまずはｅスポーツの地位向上が不可欠です。一般的にｅスポーツのプレーヤーは「ゲーマー」という認識を持たれがちで、なんとなく暗いイメージがあるのではないかと思います。しかし、大会を見ると本当に明るくて素晴らしいと思っていただけるはずです。ぜひ固定観念にとらわれず、ニュートラルな気持ちで、ｅスポーツ競技とそれに一喜一憂する選手・

観客を見ていただきたいですね。そうすると、「これはスポーツだね」と認めてもらえるのではないかと思います。

友添　ＪｅＳＵが発行しているｅスポーツのプロライセンスレベルの規定を拝見したところ、非常に厳しい印象を受けました。厳しいというのは、生半可な努力で取得できるものではないという意味です。もしｅスポーツを広めるだけなら、そのレベルを下げればいいのでは、と思えてしまいますが、むしろここにＪｅＳＵの本気さを感じます。

平方　何でもありにしてしまっては、一時的にはいいかもしれませんが、社会に根づくことはないでしょう。

友添　最後に私から一点。部活動の話が出ましたが、正課の体育授業でｅスポーツをやるような未来は訪れるのでしょうか。

平方　ｅスポーツが社会にとって必要とされれば、むしろそうしないほうがおかしい、という未来も生まれるかもしれません。

4 ［対談］ゆるスポーツが社会に投げかけるもの

――今回お話しする人――澤田智洋　（2019年5月30日収録）

友添　読者の皆さんは、「ゆるスポーツ」をご存知でしょうか――。今や多くのメディアで取り上げられていますから、一度は聞いたことがあるという方も少なくないでしょう。今回はそのゆるスポーツの提案者である澤田智洋さんとお話をしていきたいと思います。はじめに、ゆるスポーツとはどういうものかをご紹介いただけますか。

澤田　一言で言えば、「笑いながら誰もが楽しめるスポーツ」です。ゆるく体を動かしたい人、気の合う仲間を見つけたい人など、いろんな目的を叶えられる多目的なスポーツだと言うこともできます。スポーツですから勝敗にこだわる部分もあるのですが、勝利至上主義ではない。勝てば嬉しいけれど負けても楽しい、そんなイメージです。

友添　具体的にどういったものがあるのでしょうか。

澤田　たとえば「BABY BASKETBALL」というものがあります。これはボールにセンサーを仕込み、激しく扱うと「ボールが赤ちゃんのように泣いてしまう」というバスケットボールです（写真４-１）。このスポーツでは、近代スポーツでは大きな力となる「足が速い」「ボールを正確に投げる」「ドリブルがうまい」といった能力が無力化され、逆に、「母性」や「優しさ」などの、近代スポーツでは有効とされることがなかった能力が勝敗を左右する要素になります。もう一つ、最近人気のスポーツに「顔借競争」があります（写真４-２）。これはＮＥＣの顔認証技術を用いたスポーツで、簡単に言えば、借物競争の「顔」版です。１分半以内に自分と顔が似ている人を探し出し、二人の顔をスキャンする。すると二人の顔の一致度が１００点満点で測定され、得点が高い方が勝ち。足が速い人が勝つのではなく「自分と顔が似ている人を見つけるのがうまい人」が勝つスポーツです。

写真4-1　BABY BASKETBALL

写真4-2　顔借競争

ゆるスポーツ開発のヒストリア

友添　初めてゆるスポーツを見た時は、

「こんなことを思いつく人がよくいたものだ」と思いました。しかし澤田さんは、もともとはスポーツが嫌いだったそうですね。

澤田　そうなんです。特に学校の体育授業は悲惨でした。足が遅かったので「速く走れ」と先生から叱咤激励を受ける、バレーボールでレシーブができないのでチームメートから冷ややかな目で見られる、そして何よりも辛かったのは倒立ができなかったこと。小学校5年生の時、壁倒立で3秒静止すれば合格というテストがありました。するとびっくり、クラスで自分一人だけができなかった。公開処刑とはまさにこのことだと(笑)。その時、あたかも「倒立ができる人／できない人」という括りが存在していて、できない側である自分の人生はお先真っ暗なのではないかと思ってしまいました。

友添　体育が他教科と決定的に異なるのは、できないことが可視化されることです。それ故に劣等感を抱きやすいのだろうと思います。

その澤田さんが広告代理店のコピーライターになられたわけですが、そこからなぜ「スポーツ」を仕事にしようと思ったのでしょうか。スポーツを無視していても十分活躍の場はあったはずなのに。

澤田　二つ理由があって、一つは仕事柄、既成概念を壊していきたいと思っていたこと。もう一つは、東京2020オリンピックの開催が決まったことです。オリンピックの開催が決まって、なぜか自分もスポーツと向き合わなければならない時期がきたなと、勝手な使命感が湧いてきたのです。

友添　嫌いだったスポーツと向き合うことに抵抗はなかったのでしょうか。

澤田　ありませんでしたね。むしろそうすることで、自分が報われるのではないかと思いました。こ

れから先も〝倒立ができない自分〟という十字架を背負って生きていくくらいなら、スポーツという「世界」を変えればいいのではないかと思ったんです。だから私がスポーツに関わる理由って、自己救済なんですよね。

友添　自分を変えられないなら世界を変えてしまおう、ですか。まさに既成概念の破壊ですね。

澤田　福祉の分野で「医療モデル」と「社会モデル」と呼ばれるものがあります。たとえば脊髄損傷で歩くことが困難な人がいたとして、それを歩けない本人に問題があると考えるのが「医療モデル」。いやいや、段差をつくってしまった社会の方が悪いんだよと考えるのが「社会モデル」です。私がめざしているのは、スポーツの社会モデル化と言うことができるかもしれません。

友添　ゆるスポーツのアイデアを思いついて、どう行動に移していったのでしょうか。

澤田　世界ゆるスポーツ協会を立ち上げたのが２０１５年４月でしたが、前年の２０１４年10月にはすでに企画書ができあがっていました。その半年の準備期間にいろんな人に声をかけて仲間を募りました。すると意外なことがわかった。「実は、僕も／私もスポーツ嫌いなんだよ」という人がたくさんいたのです。私はこれを〝隠れスポーツ弱者〟と呼んでいるのですが、みんな、自分のコンプレックスに蓋をして生きているんだなと感じました。

友添　協会を立ち上げた時、ゆるスポーツはすぐに社会に受け入れられたのでしょうか。

澤田　スポーツ弱者は、好意的な反応を示してくれましたね。ただ、いわゆるスポーツ既得権益者の一部からは「こんなのスポーツではない」と一刀両断。でも、考えてみれば当たり前の反応ですよね。そういった方にとって、スポーツは言わば神、キリストのようなものです。そこに「ゆるキリストどうですか」、なんてことを言ってくるやつがいたら、普通怒りますよ（笑）。

友添　私と澤田さんの初めての出会いはスポーツ庁の何かの会議だったと思うのですが、今考えれば、近代スポーツの頂点に位置づく組織と言ってもいいスポーツ庁の会議に澤田さんが呼ばれているということは驚くべきことだったのかもしれません。おそらくスポーツそのものを国レベルで一層振興していかなければならないと感じていたスポーツ庁の若いスタッフがいたのだろうと思います。そんな時に「ゆるスポーツ」が提案され、私たちも注目した。だとすると、ゆるスポーツの提案は、時代の流れに合致していたと言うこともできそうです。

ゆるスポーツと近代スポーツは〝対立しない〟

友添　ゆるスポーツに近いと言っていいかわかりませんが、実は1980年代に、スポーツを逆から読んだトロプス（TROPS）というものが提案されたことがありました。これは、スポーツのいき過ぎた競争主義へのアンチテーゼの要素が含まれており、「敗者がいないゲーム」をコンセプトに、大きなムーブメントを起こしました。しかし、長い目で見れば不発に終わったと言わざるを得ないでしょう。その原因を澤田さんはどう分析されますか。

澤田　まずは、当時と今とではテクノロジーの発達度合いに大きな違いがあったことです。今では安価で簡単につくれる用具でも、当時は数十万円かかっていたなんていうことがざらにあったと聞きます。もう一つは、「敗者がいない」という制度設計が、少し弱かったのではないかと思います。私は勝敗を競うことはスポーツの基本だと考えています。しかしゆるスポーツでは、決して勝利至上主義にはならないようにする。勝ったら嬉しい、負けても楽しい。この関係が必ず成立するように競技設計をします。

加えて言えば、トロプスが「反対勢力」になってしまったこともよくなかったのではないかと思います。ここはぜひ強調したいのですが、私たち（ゆるスポーツ）は「カウンターカルチャー（反対勢力）」ではありません。このことを説明する際、よく6世紀の日本をたとえに出すのですが、その頃の日本と言えば、神道が宗教のど真ん中にあった時代。そこに仏教が入ってきて、神仏習合と言って二つが合流していくという歴史がありました。近代スポーツとゆるスポーツの関係もこれに近いものがあると思っています。

友添　近代スポーツとゆるスポーツを対立的に捉えるわけではなく、共存をめざしているということですね。

澤田　おっしゃる通りです。少しニッチな話ですが、日本人と言えば、クリスマスはキリスト教方式、大みそかは仏教方式、お正月は神道方式で楽しむ「多神教の国」であるということに異論はないと思います。こうした宗教体系を持つ日本が私は好きで、この感覚でスポーツを考えると、従来の「近代スポーツ教」しかない一神教状態のほうが、実は不自然だったのではないかと思うんです――近代スポーツ自体が日本に入ってきて間もないということもその要因だと言えますが――。なので、ゆるスポーツ教があってもいいし、他にいろいろなものがあっていい。その方が日本ならではなんじゃないかと思います。

ゆるスポーツが日本、そして世界を変える

友添　ゆるスポーツはこれからどのような発展をめざしているのでしょうか。

澤田　「世界ゆるスポーツ協会」の名に恥じぬよう、２０１９年から実際に世界で展開していくフェーズに入っていきます。具体的に話が進んでいるのは、エストニアです。エストニアは電子国家

で、世界最先端の国のあり方を示していると言われています。130万人という少ない人口だからこそ、物事がすごくスピーディーに動く。国全体がベンチャーのような雰囲気があります。実は他にもいろんな国からオファーがあったのですが、私たちが大事にしているのは、クリティカルな問題に対するソリューションとしてゆるスポーツを提供することです。エストニアの場合は、冬が長くて日照時間が短く、うつになってしまう人が多いこと、また、それを凌ぐためのカルチャーがないことが問題だと言われていました。この問題を解消するのにゆるスポーツはぴったりだと思いました。

友添　エストニアを皮切りに、今後は世界への展開が加速していきそうですね。国内でも、学校でゆるスポーツを取り入れようとする動きが出てきているようです。ただ、「体育」の授業でそれが扱えるかと言うと、学習指導要領の関係上難しいと言わざるを得ない。当面は、総合的な学習の時間で行っていくのが現実的でしょう。とはいえ、学校に入ったということ自体が画期的だと言えます。

澤田　純粋に嬉しいですね。私たちが行う事業の一つに「スポーツの授業」があるのですが、これには、子どもたちに「スポーツのことをもっと考えてほしい」という願いが込められています。子どもたちなりにスポーツのおかしさ、社会のおかしさは感じているはずです。だったら、それをどうすればおかしくなくできるかを考えてみようよ、というのがスポーツの授業の本質です。そして一人一個、スポーツを創ろうと呼びかけます。もちろんそれだけですぐに創ることは難しいので、手始めに自分自身と深く対話することを促します。自分の「弱み」と「強み」を分析し、強みが生かされる、逆に弱みが生きるスポーツって何だろねと考えてもらう。1、2時間の授業ですが、多くの子どもたちが

「創る」楽しさに気づいていきます。

友添　スポーツの楽しみ方と言えば、「する・みる・支える」が代表的なところでしょう。しかしそれは、スポーツというものが絶対的に、言わば神として存在していることが前提となっていたように思います。「創るスポーツ」には、スポーツの楽しみ方という既成概念を変えていく可能性があると感じます。

澤田　キーワードで言えば、スポーツを「（前向きに）疑う」ことも大事だと思います。その上で、創る。そうすると、思いもよらなかった新しい発想が出てくるかもしれません。

友添　一つお聞かせください。澤田さんは2015年に世界ゆるスポーツ協会を立ち上げた時から、ゆるスポーツがここまで広がっている未来を想像できていましたか。

澤田　できていましたね。なぜかと言うと、国民の約二人に一人は「運動・スポーツをしていない」という調査結果があったからです。そういった「動かない人たちを動かす」ことができれば、必ず成功すると確信めいたものがありました。私のビジネスアイデアは、「弱者起点」なんです。これまでスポーツの非実施者には名前がありませんでした。あるとすればスポーツ音痴くらい。それに「スポーツ弱者」「スポーツマイノリティ」という輪郭を与えた。スポーツ音痴と言うと個人に責任があるように思えますが、「弱者」や「マイノリティ」と言うと社会側に責任があるような印象になります。こうやって、〝社会問題化〟し、それに対するソリューションを示す。この流れは協会を立ち上げた当初から考えていたことです。

友添　最後に、学校の体育について思うことがあればお聞かせください。

澤田　体育の授業を通して自信をつける子・失う子がいます。私自身、倒立ができなかったことが実は今でも癒えない深い傷として残っています。このように、体育はよくも悪くも人生に大きな影響を及ぼす可能性があるということをご理解いただきたいなと思います。だからと言って、現状を批判したいわけでは決してありません。学校の先生方には、もっとクリエイティブであってほしいのです。もし私が先生だったら、子どもたちが自分自身のことを好きになれたり、自分に自信が持てるようになるスイッチを押すような感覚で子どもたちと接するんじゃないかと思います。もしそういった思いを持っていらっしゃる先生がいれば、ぜひ一緒に活動しましょう。

5 ［対談］日本のスポーツ界をアップデートするために

―今回お話しする人― 有森裕子
（2019年6月13日収録）

友添 有森裕子さんと言えば、バルセロナオリンピック、アトランタオリンピックの2大会でメダル（銀・銅）を獲得した、女子マラソン界のパイオニア的存在です。他方で、スポーツ界の〝イノベーター〟としての顔もお持ちであることは、あまり知られていないと思います。本日はこういった視点から、お話をうかがっていきたいと思います。

有森裕子と陸上競技

友添 はじめに陸上を始めたきっかけからお聞かせいただけますか。

有森 中学校の運動会の800m走で勝てたこと、それによって自信が持てたことがきっかけでした。

友添　自分には陸上が向いていると思ったのでしょうか。

有森　向いている・向いていないは実はあまり関係がなくて、どうすれば速く走れるかを考え、練習し、結果が出た…この経験ができたことが何よりでした。陸上が向いているとか、走ることが楽しいとかではなくて、揺るがない自信を持つことができた８００ｍこそが自分を表現する最高の手段なんだと思いました。

友添　中学校の運動会から始まったランナーとしてのキャリアが、高校・大学・実業団と続いていくわけですが、どうも平坦な道ではなかったそうですね。

有森　高校・大学時代は無名の選手でした。

友添　失礼な言い方ですが、無名の選手がよく日本体育大学に進学し、実業団にまで入ることができましたね。

有森　日体大に進学したのは、陸上を続けるのはもちろん、体育の先生になりたいと思っていたからでもありました。大学４年時の教育実習で地元・岡山に帰っていた時、たまたま高校時代の恩師に勧められて３０００ｍの記録会に出ました。するとセカンドベストの記録が出た。教育実習期間で３週間ほど何の練習もできていなかったにもかかわらず。この時「ちゃんとした指導者の下で練習をすれば、私はもっと速くなれるかもしれない」と思いました。また、教員採用試験は数年後でも受けられるけれど、走れるのは今だけだとも思い、実業団に進むしかないと考えるようになりました。

友添　セカンドベストが出たと言っても実業団から声がかかるような記録ではなかったのでは。

有森　そうなんですけど、その時はそれでも何とかなると思っていました（笑）。

人生を変えた小出監督との出会い

友添　実業団（リクルート）に入る前から、小出義雄監督とは面識があったのでしょうか。

有森　いいえ。というより、リクルートに入るまで小出監督のことは知りませんでした。初めて私がリクルートの練習場にいった時に監督はいらっしゃらなくて、当時のコーチと連絡先を交換しました。数日後に小出監督から電話をいただいて面談をすることになったのですが、その時聞かれたのが、「国体は何位だったの」「インターハイはどうだったの」「駅伝の区間賞は何回とったの」……私は「全部ないです！」と。監督は呆れていましたが、私の根拠のない自信ややる気を受け入れてくれて、指導を受けられるようになりました。

友添　リクルートに入ってからは、早い時期に頭角を現しましたよね。

有森　メンタル面での成長が大きかったと思います。実業団選手ですから、当然これまで以上に「結果」が問われることになります。走ることは仕事なんだと。その覚悟ができてから結果が出るようになりました。

教えるプロ対走るプロという関係

友添　リクルートでめきめきと実力をつけて、ついにはバルセロナオリンピックで銀メダルを獲得。有森さんは国民的ヒロインになりました。ところが聞いたところによれば、その後が大変だったとか。

有森　陸上女子でメダルを獲ったのが64年ぶりのことで、「メダリストのその先」というものが描かれていなかったんです。

友添　私はてっきり引退されるものだと思っていましたが。

有森　いえいえ、二番ですから。一番になりたいという思いが強かったのと、金メダルを獲ったエゴロワ選手から受けた衝撃が大きくて、辞めるという選択肢はありませんでした。彼女に勝つには、これまでのやり方を変えていく必要があると思いました。そこで「ウエイトトレーニング」を取り入れようと思って、そのための手法と指導者を自分で探していたのですが、小出監督からは「そんなことやっても意味はない」の一点張り。要するに今後の方針で監督とぶつかっていました。

友添 私のイメージでは、有森さんと小出監督とは「監督と教え子」というよりは「パートナー」のような関係に近いのではないかと見ていました。

有森 そうですね。監督は教えるプロ、私は走るプロ。監督は私を勝たせたいと思ってメニューを考える。私は勝ちたいと思ってメニューをこなす。こうしたプロ対プロの関係だと思っていました。

普通をおかしいと思える力、おかしいと言える力

友添 有森さんはバルセロナの次のアトランタオリンピックにも出場し、銅メダルを獲得。「初めて自分で自分をほめたいと思います」はあまりにも有名な言葉ですが、どうもこの後もまた大変なことになっていたようですね。

有森 泥沼でした。発端は、私が「プロ宣言」をして、ＪＯＣや陸連（日本陸上競技連盟）と対立することになってしまったことです。

友添 今でこそ「プロ」として活躍する陸上選手は少なくないですが、当時では異例中の異例と言っていいプロ宣言でした。なぜプロになろうとしたのでしょうか。

有森 自分の強みを活かして生きていきたいと思ったからです。私は走るのが得意でオリンピアンにまでなることができた。今後はそれを活かして生きていこう。そう考えた時、制限がかかったのです。

「自分の肖像権[*5]——使えません」「スポンサーを取ろう——選手規則にひっかかります」…。こんなのおかしいと思って、ＪＯＣや陸連との闘いが始まりました。最終的には権利を勝ち取ることができましたが、それまでに2年半を要しました。

友添 その時「特例ではなくて前例に」ということを強く主張されていますね。これにはどういう意味があったのでしょうか。

有森 二つ理由があって、一つは、これからのアスリートには「プロ」という選択肢があってしかるべきだと思っていたから。もう一つは、私自身がアスリートとして記録をがんがん伸ばしていけるような時期ではなかったからです。もし私が特例で認められたとしても、私がダメになったらこの流れはすぐに途絶えてしまいます。それでは全く意味がない。アスリートが自分の道を自分で選べるようにしたい。だから、「特例ではなく前例」に強くこだわりました。

スポーツを通して社会を変える力

友添 ＪＯＣや陸連と闘っている2年半の間に、カンボジアに活躍の場を広げられていますね。当時のカンボジアと言えば、内戦が終わって間もない、危ない国というイメージがありましたが、なぜカンボジアにいこうと思ったのでしょうか。

有森 知人を介して、1996年のアンコールワット国際ハーフマラソンに招待をしていただいたことがカンボジアを訪れるきっかけでした。

友添　それが1回限りで終わらずに継続していったわけですね。

有森　なぜ続けようと思ったのかと言うと、カンボジアが私ができること（走ること）を最大限に活かせる場所だと思ったからです。ハーフマラソンを走っている時に見た子どもの笑顔、大人たちが喜んでいる姿。自分がやってきたスポーツがこんなにも人のためになっているんだなという実感が持てました。スポーツを通して社会に大きな影響を与えることができる。そのことをカンボジアが教えてくれました。

友添　1998年にNGOとしてハート・オブ・ゴールド（以下、HOG）を設立し、HOGは2001年には岡山県、2012年には岡山市認定のNPO法人にもなっています。今では日本の学校体育をカンボジアに輸出するなど、活動の幅を広げています。また、有森さんはHOGだけでなく、スペシャルオリンピックス[*6]（以下、SO）にも関わっておられますね。

有森　2002年にSOのナショナルゲームが東京で開催されるということで、当時の理事長から直々にお電話をいただいて、はじめはアンバサダーとして関わるようになりました。

友添　これも1回限りではなく、現在は理事長にまでなられている。

有森　「SOをスポーツ組織にしたい」という願いや「知的障がい者がスポーツを通して社会とつながれるように」という理念に共感した部分があったのだと思います。

友添　それはカンボジアの経験があったからですよね。

有森　おっしゃる通りです。カンボジアにいっていなければ、おそらくＳＯの仕事は引き受けていなかったと思います。

「アスリート・ファースト」の使い方が違う

友添　ＳＯについてうかがいます。なぜ「スペシャルオリンピック」と言わず「スペシャルオリンピックス」と言うのでしょうか。

有森　複数形になっているのは、ＳＯが「日常的なスポーツトレーニングから世界大会まで、様々な活動が年間を通じて、世界中でおこなわれている」ことを意味しているからです。

友添　クーベルタンのオリンピック精神そのものですね。

有森　私もＳＯはオリンピズムを体現する組織だと思っています。ただＳＯ内部からは、何となくオリンピックは別格の存在で、「自分たちとオリンピックとは違うよ」という声が聞かれます。

友添　有森さんは、東京２０２０オリンピックのことをどう受け止めておられるのでしょうか。

有森　あまりにも大きくなり過ぎているような気がします。本来のスポーツって、社会の中で人が生きていくための手段の一つだと思うんです。言い方を変えると、社会があるからこそスポーツが成り立っている。しかし、こと東京２０２０となると、オリンピックに社会がどう適応していくかという方向で話が進んでいるような印象を受けます。

友添　スポーツと社会の関係が逆転してしまっているということでしょうか。

有森　そうです。スポーツ関係者やメディアはオリンピック、オリンピックって世の中を盛り上げようとしますが、ほとんどの人が自分は関係ないと思っていますよ。だから私は「アスリート・ファースト」という言葉の使い方が違うと思うんです。大前提は社会があってこそのオリンピック。「社会ファースト」が当たり前です。東京２０２０と言えば何でも許されるような空気感はあまりよくないなと思っています。

友添　私もスポーツ界と社会の間に感覚のズレがあるのではないかと感じます。スポーツ界がクローズドである限り、そのギャップは埋められないのかもしれません。

スポーツ界のイノベーター

友添　その日本スポーツ界の保守性・閉鎖性に一人果敢に挑んできたのが有森さんでした。有森さんから見て、昨今の日本スポーツ界はどのように映っていますか。最近は不祥事の報道が後を絶ちませんが。

有森　アスリートが声を上げられるようになったことは進歩だと思います。ただ、それがすべてメディアを頼るというのは、どうなのかなと思います。

わかるんです。メディアを頼るのが一番早くて効果があることは。でも、仮にそれしか声の上げ方がないとしたら、スポーツ界の問題は根本的には解決されないような気がします。自分対監督・コーチで話し合いをする、自分はこうしたいですと言う、これが基本です。そのためには組織や上から選ばれた〝選手〟ではなく、自立した〝アスリート〟になる必要があります。

友添　私は日本で初めて〝アスリート〟を体現したのが有森さんだと思っています。自分でやりたいスポーツを決め、主体的にスポーツとの関わり方を選択し、自分で自分を律しながら成長していくことができる。誰かからやらされるわけではなく自分でやる。この姿こそが〝アスリート〟です。その意味で、私は有森さんのことを〝スポーツ界のイノベーター〟だと言いたい。

有森　自分の感受性や価値観を大事にしながら競技に取り組む必要があると思っていますが、それができている人がどれだけいるか。

友添　ある著名なアスリートが、引退後に「私は現役時代は無だった」と発言しています。激しいプレッシャーと過酷な練習環境に身を置いていたためか、感情がなくなっていたと。

有森　アスリートが機械のような感情を持たない人間になってはいけないのだと思います。あくまでも、豊かな心を持った人間であるからこそのアスリート。この関係が逆転してはいけません。私は高校時代の恩師にこのことを教わりました。ランナーは機械のように走るのではなく、社会の中の生きた人間であれと。こう考えると、やはり教育が何よりも大事に思えます。

友添　指導者の存在意義はそこにあると言っても過言ではないかもしれません。本日はありがとうございました。

〈注〉

1 なお、「ブライトン宣言（The Brighton Declaration on Women and Sport）」を採択した「世界女性スポーツ会議」では、女性とスポーツの振興をめざす政府および非政府組織の統合団体である国際女性スポーツワーキンググループ（International Working Group on Women and Sport、略称ＩＷＧ）が設立された。またブライトン宣言は、２０１４年にフィンランドのヘルシンキで開催された「第６回世界女性スポーツ会議」で見直しが行われ、「ブライトン・プラス・ヘルシンキ２０１４宣言（Brighton Plus Helsinki 2014 Declaration）」として新たに承認された。その後、２０１７年４月10日に、ＩＷＧとスポーツ庁、ＪＳＣ、ＪＯＣ、ＪＰＳＡ、ＪＰＣ、ＪＳＰＯ（当時は日本体育協会）との間で宣言の署名が交わされた。

2 「超人スポーツ」は最先端のテクノロジーを用いて、人間の身体能力を超える力を身につけ、年齢や性別、障がいの有無などにかかわらず、誰もが楽しめるように創作された新たなスポーツのこと。超人スポーツを統括する組織として「超人スポーツ協会」がある。また、「ゆるスポーツ」は、年齢・性別・運動神経、障がいの有無にかかわらず、誰もが楽しめるように工夫された新しいスポーツのこと。「世界ゆるスポーツ協会」が統括する。なお、「ゆるスポーツ」の詳細については本章　４を参照されたい。

3 第２回全国高校ｅスポーツ選手権の決勝大会は、２０１９年12月28日と29の両日に東京・恵比寿で開催された。

4 ＷＨＯは２０１９年５月25日、総会でゲーム障害（Gaming disorder）をＷＨＯが定める国際疾病分類の一つに認定した。２０２２年１月１日から発効される。

5 著名なアスリートの容姿やその画像、氏名などは、それ自体で経済的利益や価値を持つので、これらを利用する権利は当該のアスリート本人にのみ帰属するということである。ここで言う肖像権はパブリシティ権とも言う。

6 スペシャルオリンピックスニッポンの詳細はＨＰ（http://www.son.or.jp/）を参照されたい。

第5章

運動部活動の未来の構築に向けて

―第５章ナビゲーション―

私たちのスポーツの原風景は、学生時代の運動部を通してかたちづくられたように思います。残念ながら今、学校運動部は大きく変貌する社会や学校の中で、多くの課題を抱え曲がり角にきています。

教員の勤務環境に焦点を当てた２０１３年のＯＥＣＤ（経済協力開発機構）の調査（ＴＡＬＩＳ）は、日本の教員の勤務時間が34カ国・地域の参加国中最長であることを明らかにしました。参加国の１週あたりの平均勤務時間が38時間であるのに対し、日本は54時間でした。また、２０１６年に行われた文科省による教員勤務実態調査では、小学校で約３割、中学校で約６割の教員が厚労省が「過労死ライン」とする１週間の時間外労働の20時間を超えていることがわかりました。文科省はこのような調査結果を踏まえ、中教審での教師の働き方改革の議論を経て、２０１８年２月に「学校における働き方改革に関する緊急対策の策定並びに学校における業務改善及び勤務時間管理等の取組の徹底について（通知）」を出し、教員の勤務の中で負担となっている部活動は、学校の業務ではあっても、必ずしも教員が担う必要のない業務として位置づけました。他方、このような教員の働き方改革と並行して、文部科学省令の一部改正によって「部活動指導員」の制度が設けられ、２０１７年４月に施行されました。部活動指導員は、中学校、高校等で校長の監督の下、顧問として部活動の技術指導や大会への引率等を行うことを職務とする非常勤職員です。職務には広範な能力、重い責任が問われますが、報酬は低いという現実があります。[*1]

本章最初の座談「運動部活動の課題をめぐって」は、部活動指導員の新設が議論され出した2016年4月に行われたものです。まさに教師の働き方改革をめぐって様々な議論が展開されました。部活動指導員は2018年度の予算ベースで7億5000万円、約4500人の採用枠という計画でしたが、実際に2018年度は1040名（日本中体連資料から計算）の配置で、座談でも指摘されていますが、求められるレベルでの人材の不足が見られます。

先述のように、学校の教育課題の多様化・複雑化の中で部活対応による教員の過重労働の改善、また進展する少子社会の中で、地域・学校で子どものスポーツニーズに対応できない現実が生まれてきたことから、持続可能性の観点から新たな運動部活動のあり方の検討の必要性が生まれました。このような状況を受けて、スポーツ庁から2018年3月に「運動部活動の在り方に関する総合的なガイドライン」が出されました。後半の対談では、このガイドラインの作成にあたられたスポーツ庁学校体育室長の塩川達大さんとガイドライン制定の趣旨やこれからの運動部活動について議論しています。

ガイドラインは、週2日以上の休養日の設定、1日の活動時間などがセンセーショナルに取り上げられがちですが、生徒のワークライフバランスを重視した生徒の視点に立った運動部活動改革の具体の取り組みと言うことができるように思います。[*2] 持続可能な運動部活動にしていくには、「生徒のスポーツ権」の確保を最大の目的として、生徒がスポーツの目的・志向・嗜好・技能等に応じて、自ら行いたいスポーツに親しむことができる環境を整備することが何よりも求められます。

1 ［座談］運動部活動の課題をめぐって

―今回お話しする人― 西島 央＋内田 良＋嶋崎雅規

（2016年4月8日収録）

教師の悲鳴

友添 運動部活動をめぐっては、教育課程外の活動であるためその制度的基盤の弱さや、顧問教師の負担の問題が以前から指摘されてきました。最近では、インターネットでの活動を中心に「部活問題対策プロジェクト」[*3]が立ち上がり、「顧問をする・顧問をしないの選択権」を求めて、2016年3月3日に文科省に2万3522人分の署名が提出されています。今回、先生方が自ら声を上げたことは画期的であり、SNSを通して集約された声が文科大臣にまで届けられるというのは大きな変化の兆しと言えます。一方の文科省も、教師の負担軽減と、本来の教育業務に専念すべきとの立場から、

2015年12月に出された中教審答申「チームとしての学校の在り方と今後の改善方策について」において、教員に加えて部活動の指導や顧問、単独での引率等を行うことができる「部活動指導員[*4]（仮称）」の配置を提言しています。

本日は運動部活動のこれまでと現状の問題点を明らかにしながら、これからの運動部活動、さらに部活動指導員のあり方やよりよいしくみにしていくためのアイデアについて考えていきたいと思います。最初に、WebやTwitterを通して教師の過重負担の問題を提起してこられた内田さんにうかがいます。そもそもなぜ部活動を問題だと感じたのですか。

内田　私の研究のバックグラウンドとして、学校や家庭という「教育の場」で苦しんでいる先生、親、子どもに興味・関心がありました。その中でなぜ部活動かと言うと、実は自ら問題を発見したのではありません。それはネット空間の声に突き動かされたからなのです。組体操問題[*5]の時と同じなのですが、私のTwitterのアカウントには、たとえばこの時期には、「指導したい部活動顧問に就けなかった」「やりたくもない部の顧問を指名された」「顧問を持ちたくないのに強制的に持たされている」「土日が部活動指導で潰れている」といった教師の声が直に届きます。その声がいかにもありそうなことだと思い、実際にデータを取ってみると、これに近い実態があるというエビデンスが得られたのです。このことを確かなものにするために多くの文献を読み、社会に問題を提起するに至りました。そういった意味ではネット空間とは、今まで隠されてきた問題を「見える化」してくれる場となっています。今まではフィールドワーク、つまり実際に現場を訪れ、直接観察したり聞き取ったりすることで問題が明らかになっていたものが、ネット空間を通して問題化されていきます。ＩＣＴの発展に伴う新しい現象です。

西島　内田さんのように社会的な関心を高めることは大切です。それと同時に、私たち専門家がていねいな議論をしていく必要があります。

私の調査では、１９９８年版の学習指導要領が完全実施された２００２年〜２００３年頃には部活動指導の負担を感じていた教師が一定数いました。１９９８年学習指導要領には中学校・高校でクラブ活動がなくなり、部活動の制度的裏づけがなくなったため、教師が顧問を受け持つ義務はありませんでした。しかしそのことを職員会議で発言した教師が、翌年度にはその学校からいなくなってしまう。大げさな話に思われたかもしれませんが、実際にこういうケースがありました。ですので、内田さんがおっしゃったような問題は昔から変わらずあったのですが、それを口にできる環境がなかったということなのでしょう。さらに、一般的には主に運動部活動の過重負担が言われていると思うのですが、私が中学校を対象に行った調査では、１週間の活動時間は平均15時間で、最も長いのは軟式野球部、それに続くのが吹奏楽部なんです。運動部のことは問題にされることが多いのですが、文化部にも同様の問題が潜んでいると思います。

友添　学校現場で長らく部活動指導に携わってこられた嶋崎さんは、どうお考えですか。

嶋崎　部活に一生懸命な先生は総じて校内や保護者から評価が高い傾向にあります。学校内には熱心に授業に取り組んでいる先生、毎日学級通信を発行している先生、時間割を組むのに精通した教務担当の先生など素晴らしい先生がたくさんいます。しかしこのような先生は、結果が外に表れづらいため評価されにくい。他方で「甲子園に連れていった」とか「全中に出場させた」というのは対外的にも非常にわかりやすいため、高い評価を得やすいのです。そして、結果を出した一部の先生の発言が強くなり、そうでない先生がアウェイ感を抱いてしまっています。

友添　部活動にネガティブな先生と熱心な先生という、言わば両極的な議論になっていますが、その中間に位置する先生は部活動についてどう考えているのでしょうか。

嶋崎　その層の先生方も、おそらく一定の意義は感じていると思います。部活動の教育的意義として、教員にとっては生徒と密接な関係を築けることが挙げられます。教室の中、授業時間では見ることのできない生徒の一生懸命がんばっている姿、考えている姿が見えやすいし、本音を語れる環境にもなり得ます。生徒にとって部活動は学校での居場所です。教室は担任の先生も仲間も選べない、しかし部活は好きなスポーツも仲間も先生も選べます。そういう意味で居心地のよい場所になっています。過剰な練習や土日が全部試合で潰れるといった極端なことをしない限り、中間層に位置する先生たちは、このように部活動を肯定的に捉えていると思います。

友添　日本体育協会（現日本スポーツ協会）の調査では、中学校の約80％、高校では約75％の運動部活動で保健体育以外の教師が顧問をしています。そのうち、競技経験のない種目を担当しているのは中学校でおよそ46％、高校でも40％を超えています。

内田　つまり、指導経験も競技経験もないのに、校務分掌だからと顧問を受け持たなければならない現状があります。これだと当事者にとっては辛い時間になるのではないでしょうか。

嶋崎　そうですね。中には自身も生徒とともに勉強したり、クラブチームに入ったりする先生もいますが、それは一部の先生であり、なおかつ負担が大きいです。

内田　部活動は本来は教師にとっても生徒にとっても「自主的な活動」であるはずなのですが、実質的に強制されています。それが生徒の進学や教師の評価と結びついているので、問題の根がより深くなっています。

部活動の意義をどこに置くか

西島　嶋崎さんが、部活動は生徒が自由に選べるとおっしゃいましたが、実はそれはある程度の学校規模でないとできない話です。最近私が調査している僻地の学校だと選択の余地がありません。たとえば男子は野球部、女子は吹奏楽部だけ、なんていう学校もあります。にもかかわらず、そこに入るということは、「選べる」以外にも何か魅力があるはずです。鹿児島県の例では、クラブ活動がまだ必修として位置づいていた頃の部活動への加入率は約6割でした。そして最近改めて調査したところ、加入率が85％に上がっていました。必修のクラブ活動がなくなったことで、かえって部活動に参加する割合が増えたのです。つまり、「何かスポーツをしたい、芸術をしたい」以外にも部活動には意義があることを示唆しています。

加えて図表5－1をご覧ください。これは中学校で部活動の顧問を担当している教員に対して行った顧問担当経緯に関するアンケートの調査結果です。「顧問をしたくなかった」と回答した教員が一定数いることに加えて、注目してほしいのが「何部でもよかった」と回答した教員もまた四人に一人います。すなわち、教師の側も、スポーツがうまくなりたいとか、芸術がうまくなりたいという目的以外の部活動の意義を感じているはずなのです。

嶋崎　であるならば、まずやるべきことは、生徒にとっても教員にとっても、落ち着いて部活動に参加できる環境を整えてあげることではないでしょうか。部活動をチャンピオンスポーツとしてではなく、もう少しゆるやかに楽しめるしくみにできないものでしょうか。

内田　まさにその通りだと思います。現時点では、部活動指導で平日の夜も土日も潰れている。それをたとえば週に3～4日に留め、せめて土日は休みにするなどゆるくすることで、先生にも余裕が生まれます。そうすると「せっかくだから見てやろうか！」「何部でもいいけど」と、かえって部活動に向き合おうとするようになっていくのではないでしょうか。

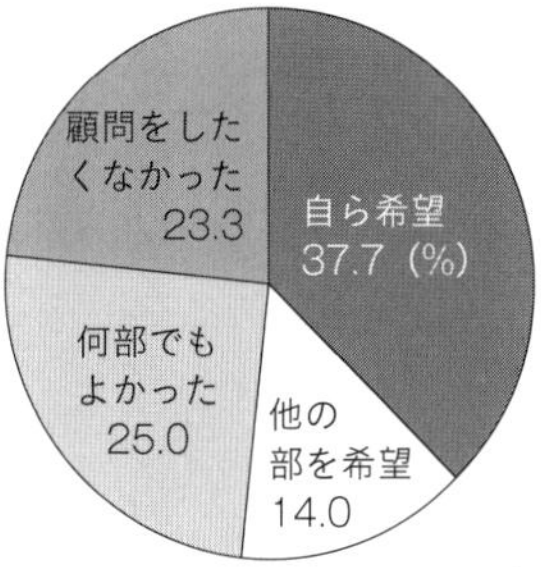

（教員数：1,139人）

図表5-1　部活動顧問担当経緯

私は、義務でもないのに顧問を担当せざるを得ないことを問題提起してきましたが、それとともに、顧問を「する」といった時に降ってくる業務があまりにも膨大であることも問題視しています。そこをゆるくしてあげる必要がある。さらに言えば、生徒にとっても毎日部活で休みがない、「過重部活」が進んでいます。盆暮れ正月も部活動に追われ、家族とゆっくり過ごしたり、他の趣味に費やしたりする時間のゆとりもない。そうではなく、「運動したくなったら部活がある」くらいの感覚で部活を捉え直すと、教師と生徒の負担感が軽くなってくると思います。

友添　部活動賛成論には、「部活とは根性と気合いを養う場だ」「部活も我慢できないで社会に出た時にどうするんだ」「鍛錬を経る中でこそ学ぶものがあるんだ」というような言説があります。

嶋崎　それはおそらく教育的視点と、競技的視点が混同していることに起因しています。確かに一流の競技者になるためには、土日も厳しい練習に耐え、それを乗り越えて上達していくプロセスが必要です。一方で部活動の意義を、教師と生徒の関わりを深めることであったり、生徒の居場所、あるいは自治能力を高めるためと考えると、何も土日までやる必要はありません。学校の部活動はどちらの役割を担うのか。仮に後者を選択するならば、学校の教師が担うべきであると思いますが、トップアスリートの養成をめざすのであれば学校が担う範疇を超えています。

友添　競技者を育成する部活があってもいいのではないかという声もあります。というのも、日本の競技力の向上に運動部活動が果たしてきた役割は計り知れません。１９６４年東京オリンピックの選手団３５５人中、高校生が14人いたそうです。最近ではそれがさらに顕著になっています。直近で言えば、水泳のオリンピック代表選考会である日本選手権において池江璃花子選手[*6]をはじめとした高校生スイマーが活躍しました。彼女たちはスイミングスクールの出身ですが、これまでは同様の役割を学校の運動部活動が果たしていたのです。このように、現在においても競技力の向上を期待する声は潜在的に大きいと思います。

西島　スポーツの豊富な経験を保障する部分と、競技力を高める部分との組み合わせ方をもう少し考える必要があります。中学校／高校でばっさり分けてしまっていいかはわかりませんが、中学校ではどちらかと言うと裾野を広げる役割とし、高校では本格的に競技に取り組んだり、楽しむことを優先したりといくつかの選択肢があっていいと思います。つまり、同じ学校に目的を異にする部活動があってもいいのです。

同調圧力と成果主義の蔓延

友添　重要な提言だと思いますが、どうも学校文化には、一つの方向に全員が一致して向かわなければならないという同調圧力が存在しているようです。はみ出そうとするものを許さない空気がいまだにあります。そこに体罰問題などの様々な問題が生じるわけです。

この問題については、柔道事故の例が考えられます。内田さんは、柔道界の内部では解決できなかった問題を、外部の視点でエビデンスを示しながら正しい方向へ導くことに成功しました。それは全く異質な目で問題を捉えることができたからだと思います。今、学校という同質集団において、同調圧力が蔓延している中で、西島さんが提案されたことを実現していくことはできるのでしょうか。

内田　部活動を一生懸命指導することが正しくて、ゆるい部活でもやろうものなら、この先生は教える気がないと断罪され評価も下がってしまう。しかしこのような慣習が自分たちの首を絞めてしまっていることに気づくべきです。生徒も同じで、部活とは本来自主的に参加するものであるはずなのに、休むことが許されません。競技力を高めるためには、休養が必要であるにもかかわらず、です。

友添　それには顧問やコーチの雇用環境も関係しているのではないでしょうか。たとえば5年以内に甲子園にいかせることを条件に雇われた先生は、結果を出さなければクビになりますので、常に成果を求め、子どもへの要求がエスカレートしていくことは容易に考えられます。

嶋崎　私学ではよく聞く話です。しかし、ここを変えようと思うと、とてつもない時間と労力がかかります。私はそれなら放っておいてもいいと思います。むしろ公立学校を変えることが先決すべき課題です。公立学校であれば、内部で変革できない時でも、文科省や教育委員会から指導が入ると割と簡単に変わることがあります。上からこの範囲内で部活動をしなさいとしっかり示してもらうわけです。それで私立学校だけが試合に勝つことになっても、放っておけばいいのです。誤解を招くかもしれませんが、むしろそうすることで私立学校も変わるのではないかと思います。すなわち「あの学校は野球だけをやっている」と評価されるのは私立学校にとっても都合がよくないからです。

もう一つ変えなければならないのは、全中やインターハイのあり方です。全国大会を頂点としたピラミッド型の対外試合にしてしまうと、一番をめざそうとするのは当然です。裾野を広げるのであれば、全国大会を廃止するのも一つの手段です。１９６４年の東京オリンピックまでは、対外試合の基準が歯止めになっていたのですが、自国開催のオリンピックに向けた競技力向上のために、基準が次々に緩和されていき、全国大会までつながっていきました。今一度原点に立ち返る必要があるのではないでしょうか。対外試合は、中学校ではブロック（関東や近畿など）大会まで、小学校では越県を認めないくらいが現実的です。

友添　そのためには中体連や高体連のアイデンティティを変えていかなければなりません。最近は甲子園の選抜大会、春高バレー、さらには国体に代表されるように、年中全国規模の大会が開催されています。このままでは高校生のトップアスリートは疲れ切ってしまい、バーンアウトしてしまいます。

西島　競技団体の縦の構造と、中体連、高体連の横の構造の重なった部分に問題があります。たとえば中体連の競技会の予選レベルでは、各校の顧問が引率だけでなく運営や審判も務めなければならないため、競技団体のメンバーになって資格を取ったり講習を受けるようになります。故に中体連が横の構造を強固にして、教育的観点から練習時間に制限を設けようとしても、競技団体の意向に強く縛られる構造ができ上がってしまっているため、それも叶いません。

多様性が認められない運動部活動

友添　運動部活動の多くがサッカーやバレーボールといった近代スポーツに偏っている点も疑問です。近代スポーツは、文字通り近代の価値観、つまり「より高く・より強く・より速く」というモダニズムの精神に基づいており、勝者は最後の一人、ゼロサムゲームの構造を持っています。他方で、近代スポーツではない部活が生まれてきてもいいのではないか。たとえば、〝ゆるスポーツ〟だとか〝超人スポーツ〟のようなユニバーサルな性格を有するスポーツを、部活の中に取り入れられないか。

西島　文科省の委託事業で、静岡県がニュースポーツを積極的に取り入れる試みを行っています。面白い試みではあるのですが、文科省からの支援が切れた途端になくなってしまう可能性もあります。中体連や高体連のいい部分として、継続的に行ってきた実績とともに強固な地盤を形成してきました。ニュースポーツが定着し発展するには、いかにして組織的な下支えを得るかが鍵になってくると言えます。いずれにしても、それぞれの世代にとってのスポーツのあり方を、社会的な面も含めて考えていかなければ次へは進まないと思います。

友添　結局、運動部活動をめぐっては多様性がほとんど認められてきませんでした。さらに同調圧力も働くため、問題は根深い。そのような中で、部活動の教師は一生懸命指導を行い、時には自分の時間を犠牲にしながら、あるいは奉仕の精神でその職を全うしてきた。これは日本文化論そのもののような気がします。「モーレツ社員」なる言葉があるように、部活動でも「モーレツ顧問」でなければ、評価を得られないようになっているのではないでしょうか。内田さんはスポーツ界の外側から見て、こういう姿をどのようにご覧になっていますか。

内田　ＳＮＳで当事者の声を直接聞いているわけですから、何とかしてあげたい、何とかしないとまずいと考えています。「部活問題対策プロジェクト」の先生方もおっしゃっていますが、部活は先生にとっても生徒にとっても自主的なものであるはずなのに、なぜか強制的にやらされている現状があります。たとえば、部活動に「自主練」と呼ばれるものがありますよね。しかしそもそも部活動は自主的に行うわけですから、そこでの「自主練」って何なんだということになります。本来の部活動は、もっと自主的に楽しめるものとして存在しているはずなのに、「強制力」という空気の中で、みんなが息苦しさを感じています。加えて、種目が好きで入った部活動なのに、そこでの辛さが原因で、涙ながらにスポーツから離脱してしまう現象も起こっています。これでは本末転倒です。

嶋崎　部活動は縮小の方向に向かわざるを得ないと思います。そこでシーズン制を導入するのも一つの手です。たとえばこの3カ月はサッカーを、次の3カ月はバスケットボールを行う。サッカーを担当する先生はその期間だけはがんばってください、後の9カ月間は何もしなくていいですよ、と。それくらいであれば多くの先生は納得して指導にあたることになるのではないでしょうか。

友添　私は部活動を学校が子どもへ提供するサービスと割り切ってしまっていいのではないかと考えています。つまり月曜から日曜までこの時間帯は部活動をすると決めて、参加するかしないかを選ぶのはすべて子どもたち。いきたい時にいって、帰りたい時に帰る。練習がしたい、うまくなりたければ場所はあるし、指導者もいる。このような発想は無謀なのでしょうか。杉並区が行った部活イノベーションでは、部活動を指導のプロの民間企業に外部委託しています。この事業が広がりを見せてもいいのではないでしょうか。

内田　理想としては賛同します。しかし、これも実現の可能性がどれだけあるのか、現時点ではまだまだ厳しい状況です。これまで、部活動は教員のシャドーワークで成り立ってきました。そのただ働きの分を、予算措置を伴いながら、どうやって外部にゆだねていくのか。ですので、外部化を模索すると同時に、そのシャドーワークの絶対量を減らす。具体的には日数を減らしていくなど、できるところから負担軽減していくことが目下のところの改善策です。

嶋崎　私はまずは競技力向上の部分を切り離していくことが先決だと思います。そうすれば毎日練習することもなくなるので、日にちを制限する必要もなくなります。サッカーではすでにそれが進んでいて、トップの選手はプロチームの下部組織に所属し、学校のサッカー部にはそれほどの選手がいない。ならば高校の部活動は地域のリーグ戦として位置づければよい。もちろんトップをめざしたい生徒もいるでしょうから、その子たちは土日のクラブチームに参加できるようにすればいいわけです。

「スポーツ推薦」が招いた歪み

友添　部活動に対する保護者の期待も忘れてはならない問題です。今の中学生・高校生の親世代は、いわゆる「スポ根」を見て育ってきた世代です。仮に先生がゆるい方向に変わったとしても、保護者から「それでは甘い」と断罪されては仕方がありません。

内田　社会学的に見た部活動のよさは、機会が平等に保障されていることです。勉強は塾に丸投げしてしまったわけですが、芸術やスポーツに関しては、教員のシャドーワークという問題点はありますが、子どもにとってみれば、低コストでその機会を得ることができます。これは世界に類を見ない、素晴らしい教育システムです。厳しい練習も大事かもしれませんが、部活動の原点とは何なのかというところを、保護者も理解しなければなりません。

嶋崎　保護者も両極端な印象があります。夏休みは家族で旅行がしたいから休みにしてくれと言ってくる声がある一方で、「もっとやれ」「もっと強くしてくれ」との声もあります。なぜそこまでさせたいのか。それは部活の成績が進学に直結しているからです。本来の学力では入れないはずの大学に、スポーツで成績を残すと「スポーツ推薦」で入学できてしまう。つまり、スポーツ推薦が保護者の期待を高めるのに大きな役割を果たしてしまっています。ですから、この際スポーツ推薦という制度は廃止にするべきではないでしょうか。

西島　入試と絡んでいるのは非常に複雑な問題です。教育面と競技力向上の兼ね合いだけでも解決が難しいのに、そこに学校経営の問題が絡んできます。○○部があるから成り立っている大学も数多くあり、その大学が日本の競技力向上の一役を担っていることもあります。そしてそれをすべて下支えしているのがスポーツ推薦制度です。もちろん大学だけではなく、高校入試でもスポーツ推薦があり、そのハードルはさらに下の年齢層にまで及びます。高校も経営を成り立たせるために必死ですからね。

内田　この構造は、高校段階では監督の権限の強化と部の閉鎖性をより促進させます。すなわち、監督に逆らうとスポーツ推薦がもらえない、と生徒も保護者も考えてしまうからです。

西島　ある大学の運動部の監督で大学職員も兼ねている方と話をする機会がありました。いわく「部のためを思えば入学させたい。しかし、本来ならこのレベルの学力で入学させるべきではない」との葛藤を抱えていました。

友添　大学のスポーツ推薦制度は、もともとは「多様な入試制度」という国の方針の中で誕生した制度ですが、今ではほとんどの大学でＡＯ入試としてこの制度が取り入れられています。本音では、競技力で入学させるスポーツ推薦制度は学問の府たる大学に相応しくないと考えながらも、実際には大学経営や大学のブランディング価値向上の必要性から、これを行っている大学もあるようです。

運動部活動と学力の保障は両立しないのか

友添　部活動を一生懸命やり過ぎると、一方で学力が保障できないのではないかと言われています。

嶋崎　土日も部活に時間を割くようでは、学習時間はなかなか確保できません。電車の移動時間や、授業の間、昼休みにも必死に勉強している生徒が一部にはいるのですが、大半は「時間がないから」と言ってしません。しかし勉強をしなくても卒業して進学までできるシステムができ上がっているため、学力の保障は蔑ろにされています。

友添　競技力を高める時期と、認知的な能力を高める時期が重なっているため、どちらかに重点を置きすぎると、片方が軽くならざるを得ません。バランスを取って成長できれば一番いいのですが、アスリートは極端に競技力向上に偏り過ぎる傾向があります。その過程で認知的能力、あるいは社会常識を身につけてこなかった例として、元アスリートの不祥事が起きることがあります。

内田　いわゆるペーパーテストの「学力」だけで評価されていた時代から、多様な個性の尊重、多元的な能力が評価されるようになり、スポーツの価値も徐々に認められてきました。ここまではよい流れだったのですが、現在はそのスポーツだけで生きていく子どもたちが出てきています。

友添　思い切って聞きますが、スポーツ選手に学士は必要なのでしょうか。

内田　スポーツに熱中することは何も悪いことではありません。しかし、そのスポーツも多くの人が大学、またはその数年後に第一線を退きます。であれば、学士をベースに、セカンドキャリアを意識した上でスポーツに取り組む必要があります。

友添　指導者がどんな競技観、人生観を持って生徒を指導していくかが大きな鍵になります。人生の時間割は人それぞれで、どこでどういう時間割を組もうと自由です。高校からプロにいき、引退してから大学に入り直している人もたくさんいます。結局は、多様性を認められる社会にどうシフトしていけるかにかかっています。単一の価値基準でいくと一部の人間が苦しい思いをするように、部活動も決まったレールに乗れなければ排除されるような考え方ではいけません。

部活動指導員は救世主になり得るか

友添　「チームとしての学校の在り方と今後の改善方策について[*7]（答申）」が出ました。

（左から、嶋崎さん、友添、西島さん、内田さん）

嶋崎　答申の中で導入が検討されている「部活動指導員」については、教員の負担を軽減できる大きなメリットがあります。しかし、部活動でなければ得られない教育的な意義を踏まえれば、実技指導を部活動指導員が担当したとしても、マネジメントの部分では教員がその役割を担うべきです。さらに部活動指導員は生徒と接する機会が増えるため、教員免許とまでは言いませんが、それに準ずる程度の研修の充実が必要になります。

友添　当然ながら、教員は免許がなければ教壇に立つことは許されません。一方で部活動を見てみると、ある意味無免許状態での指導がまかり通っています。

嶋崎　その点に関して言えば、部活動の指導や技術を学ぶ授業を、大学の教職課程の中に位置づける必要があります。多くの教師が部活動顧問を担当するにもかかわらず、教職課程で何も教わらないのはおかしな話です。

友添　部活動の活動時間を1年間で換算すると、700時間にも及ぶと言われています。国語、数学、英語で140時間、保健体育は105時間ですので、どの教科よりも圧倒的に長い時間が割かれています。このように見ると、教科指導が本業の教師にとって、片手間で指導するには限界がきています。ですから、部活動指導員は非常にタイムリーな提案です。しかし、ようやく制度として改善に乗り出す姿勢が示されましたが、まだ答申レベルですので、どのように予算がつくのか、都道府県市区町村の各教育委員会、および各学校で有効に活用するための方途は未定です。ただし、報酬を出す以上、一定水準の指導力が部活動指導員には求められます。

西島　その一定レベル以上の能力を備えた人材を今すぐに集めることができるかと問われると、答えはノーだと思います。静岡県教育委員会にうかがって部活動指導員の話をしたのですが、「財政的な問題、人材の問題で実現には100年かかるね」という意見交換をしました。具体的に言うと、今、日本中にいくつ部が存在しているのか、おそらくそれすらわかっていません。それなのに、滞りなく部活動指導員を配置するなど不可能です。一般論で言えば確かに有用な制度に思えるのですが、保育園のことですら解決できないでいる今の日本で、それも根深い問題を抱えたままの部活動がすぐに変われるとは到底思えません。ではどうすればいいのか。たとえば県内で部活動適正数を算出し、それに絞って配置することになろうかと思います。このように今の部活動の形態を保ったまま、技術指導だけを担う指導者を入れるのは、人材と財政面上、厳しいと言わざるを得ません。だったら、そもそも学校教育から切り離すぐらいのほうがより現実的なのかもしれません。

友添　一時期、運動部活動を地域スポーツに移譲しようという流れがあり、１９９０年代には総合型地域スポーツクラブ構想が立てられました。さらに２０００年にスポーツ振興基本計画が出て、総合型地域スポーツクラブを中学校区に必ず一つは設置することが明記されました。その目的の一つに、中学校の部活動の地域移譲がありました。

西島　全面的に社会に移行するとまた別の問題が生じます。家庭の経済力によって、スポーツに触れられる人が限られてしまう恐れがあります。ベネッセの学校外教育活動に関する調査によると、習い事にいくことができる子とそうでない子には家庭の経済力の格差、あるいは地域による格差があると認められています。芸術やスポーツをする機会が公教育の外に置かれると、スポーツがしたくてもできない子どもが大量に発生します。

嶋崎　部活動指導員にコーディネーター的な機能を持たせ、各学校に一人でもいいからその職に就く教員を配置し、部活動の適正なあり方を管理・コーディネートする役割を担ってもらうことはできませんか。勤務形態としては、定時制高校と同様に昼から夜にする。さらに、地域の人たちに対して学校を開いて、そこでのスポーツ活動もあわせてコーディネートするようなしくみが理想的です。

友添　それに加えて、地域のスポーツクラブのマネジメントの担当者と、学校の部活動指導員を同じ人が担当すればいいのではないかと考えています。そこに保健体育の教員免許を持っていて、なおかつマネジメント能力に秀でた人材を登用することができれば、地域と学校を人で結ぶことできるのではないでしょうか。

(%)

	20,000人以下	20,001～50,000人	50,001～200,000人	200,001人以上
(A)技術指導外部化	22.3	28.7	33.6	31.5
(B)社会移行場所学校	44.9	43.2	46.3	45.6
(C)全面社会教育移行	40.6	36.9	41.8	45.2

(A)技術指導外部化……部活動は学校教育活動の一環に位置づけるが、技術指導は全て外部指導員に任せる。
(B)社会移行場所学校…部活動は学校教育活動から切り離して、社会教育・社会体育に移行するが、活動場所として学校の施設・設備を提供する。
(C)全面社会教育移行…部活動は学校教育活動から切り離して、総合型地域スポーツクラブや民間団体などの社会教育・社会体育に全面移行する。

図表5-2　人口規模別に見た部活動改革に賛成の割合

西島　部活動改革に何を求めるかを人口規模別に調査したことがあります。その結果が図表5－2です。これを見ていくと、「技術指導外部化」がどの人口規模においても割合が低く、「社会移行場所学校」が最も高い割合になっています。まさに友添さんがおっしゃったようなしくみに期待が集まっていることを裏づけています。ドイツを訪問した際に、そのモデルとなるような、地域スポーツのマネージャーと学校の教頭を兼ねる先生と話をする機会がありました。その先生に日本のことを聞かれたので、「日本では部活動というしくみがあって、教員がその指導を担当しています」と答えたところ「なんてクレイジーな！」と。加えて「どうしても指導がしたいのであれば、それを止めたりはしないが、全教員が指導にあたるなんて考えられない」と言って驚いていました。

友添　ドイツでは伝統的に学校は昼に終えて、午後は地域に帰っていくので、スポーツクラブの文化が根づいています。しかし最近のOECDの調査で学力の低下が表面化したため、午後も学校の授業を入れるようになりました。すると放課後の時間にスポーツの時間を確保するために「Look Japan!」と言って、日本の部活動を参考にするようになったのです。ですから、一概に海外がよくて日本がダメとは限りません。

嶋崎　学校と地域の連携の課題の一つに、学校を卒業すると、スポーツをする場がなくなってしまうことも挙げられます。卒業しても学校に戻ってきて、スポーツができる環境を整えられないでしょうか。たとえば、高校には部活があるけれど、その上にクラブチームが存在するようなしくみがあってもいい。何も新しいクラブを立ち上げるのではなく、既存の部活の延長線上にクラブを位置づけることができれば、ＯＢが集まりますし、場所は学校を使えば、すぐにでも結成できます。

西島　そのような取り組みは、実は僻地では多くあります。というのも、そうでもしなければ人が集まらない、地域が守られないという切実な事情があるからです。そこでは学校の先生が関わっている場合もあれば、技術指導を担当している人がいることもあります。僻地だからこその取り組みですが、ここから学ぶことは多々あります。学校と地域のつながりを創造するマネジメントを担当するのが部活動指導員であれば、その期待は一層高まります。

友添　本業は学校の部活動と地域スポーツクラブのマネジメント、さらに体育の授業にＴ２[*8]として参加することも可能にしてあげる。こういうかたちで部活動指導員がうまく活用されていけばよりよいしくみになると思います。話は尽きませんが、この辺で終わりにしたいと思います。

2 ［対談］持続可能な運動部活動をめぐって

―今回お話しする人― 塩川達大

（2019年3月12日収録）

友添 「運動部活動の在り方に関する総合的なガイドライン」（以下、ガイドライン）が2018年3月に示され、1年が経過しました。今回は、そのガイドラインの作成に中心的に関わってこられたスポーツ庁政策課学校体育室室長の塩川達大さんと、これからの部活動のあり方について議論していきたいと思います。まずは、ガイドライン作成の背景にあった問題意識をお聞かせいただけますか。

塩川 「子どもたちのスポーツをする権利をどう保障していくのか」という問題意識がありました。わが国が人口減少社会に直面している中で、これまでスポーツをする基盤的な環境であった部活動は、持続可能性という観点からは、難しい段階に入ってきていると思います。

友添 中学校の生徒数は、2004年から2016年の12年間の間に男女それぞれ約12万人減少し、部活動数は約2000部減っています（図表5-3）。この影響を受けて、小学校ではスポーツ少年団

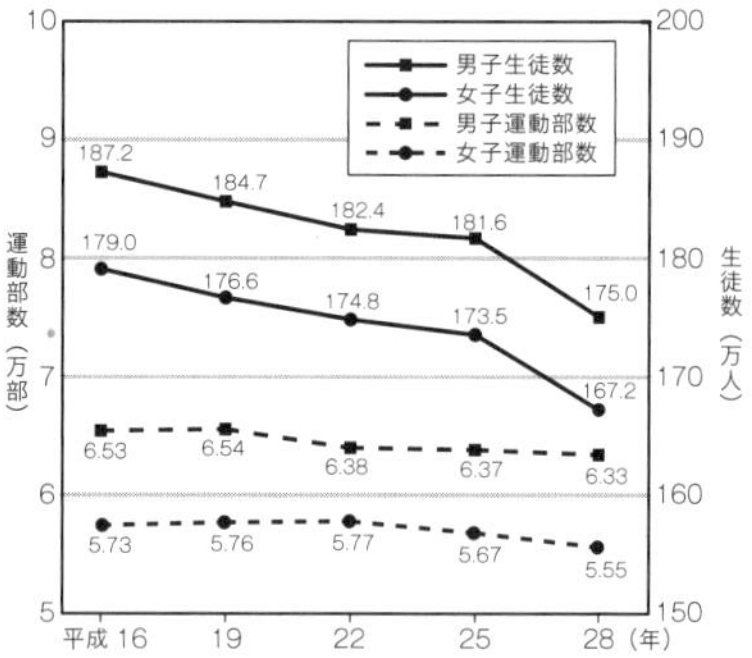

（学校基本調査並びに日本中学校体育連盟、全国高等学校体育連盟及び日本高等学校野球連盟の調査を基にスポーツ庁において作成された資料より）

図表5-3　中学校の生徒数と運動部活数の推移

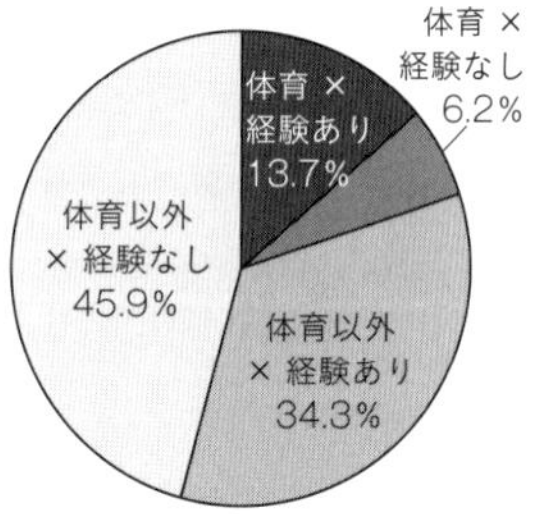

※担当教科（体育／体育以外）×現在担当している部活動の競技経験の有無

（公益財団法人日本体育協会「学校運動部活動指導者の実態に関する調査報告書」2014年）

図表5-4　中学校部活動顧問の現状

でバスケットボールをやっていた子が、中学校に入学するとバスケットボール部がない、といったことが珍しいことではなくなってきているようです。

塩川　その問題は、実は第二次ベビーブーム世代（1971年〜1974年までに生まれた世代）の子どもたちの部活動の時代でもあったと言われています。一番人口が多かった時代でさえも、必ずしも生徒みんなのニーズに応じたスポーツ環境を部活動は提供できていませんでした。それが、人口減少によってより深刻化しているのだと思います。

教師の負担と子どもの不満

友添　教師の「労働過重の元凶は部活動だ」と捉えている人は少なくありません。一方で部活動がやりがいだという教師もいる。こうした部活動の顧問の問題についてはどうお考えでしょうか。

塩川　教師の負担軽減も大きな問題ですが、部活動の顧問が技術的な指導をするのに十分な専門性を有していない場合があることが、子どものスポーツニーズに応える観点からは問題だと受け止めています。日本体育協会（現日本スポーツ協会）の調査で、４割以上の顧問が「担当教科が保健体育ではない」かつ「現在担当している部活動の競技経験なし」であることがわかっています（図表５‐４）。

友添　同調査では、体育以外×経験なしの顧問が感じている問題として、「自分自身の専門的指導力の不足」が一番に挙げられています。この状況では、顧問の教師にとっては部活動指導が負担になるであろうし、子どもたちにとっても望ましい活動にはなりづらいと言わざるを得ません。

塩川　ガイドラインでは、こうした問題の解消に向けて、合同部活動や拠点校方式（兵庫県神戸市や東京都墨田区の取り組みなど）、地域との連携による取り組み（岐阜県多治見市）を挙げています。また、２０１７年に「部活動指導員」が制度化され、専門性のある人材を学校職員として迎え入れられるようになりました。２０１８年度には、全国４５００人規模でこの制度が運用されています。

友添　ＪＳＰＯから、運動部を中心とした新たな地域スポーツの姿（図表５‐５）が提案されるなど、部活動はまさに変革期にあると言っていい状況にあります。

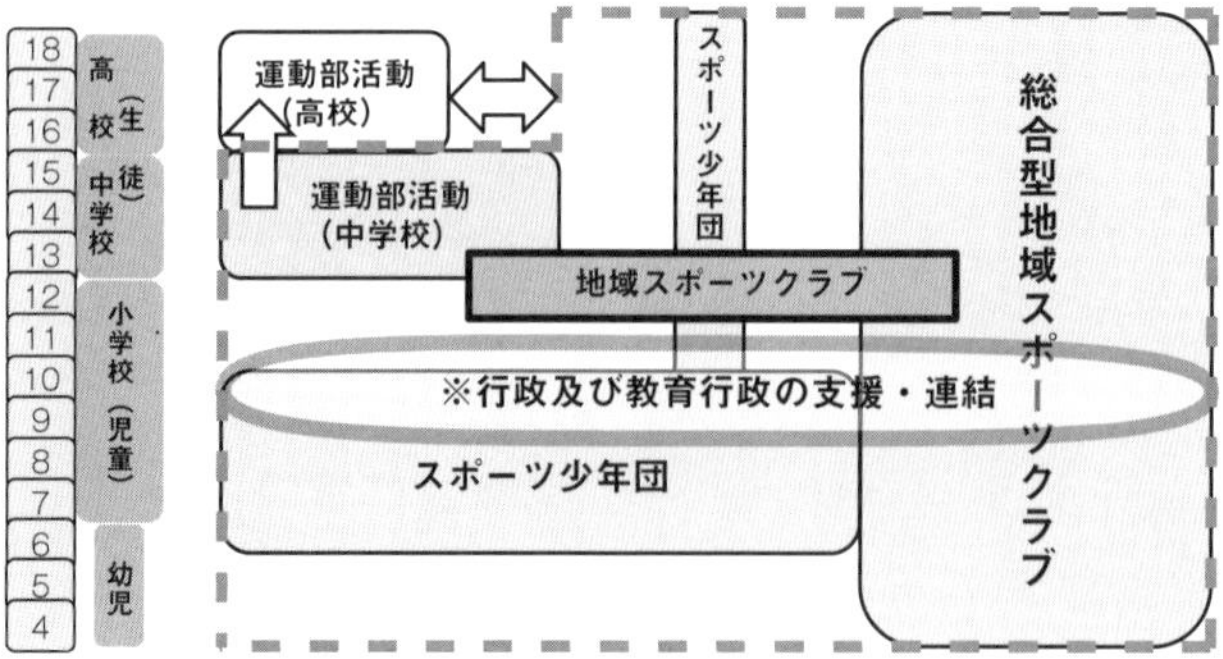

〈活動の具体的イメージ〉

・プレーヤーの自主性を尊重して活動する。
・ゲームを楽しむ機会を増やすためにリーグ戦方式の大会を積極的に導入する。
・多様なスポーツニーズに応えるためにシーズン制や複数種目を取り入れる。

図表5-5 「新たな地域スポーツの体制」の在り方（出典：日本スポーツ協会、2018）

キーワードは「持続可能性」

友添　スポーツ庁が実施した２０１７（平成29）年度全国体力・運動能力、運動習慣等調査で、「運動部や地域のスポーツクラブに所属していない中学生が運動部活動に参加したいと思う条件」を尋ねたところ、約60％の女子生徒が「好きな、興味のある運動やスポーツを行うことができる」ことと答えています（図表５－６）。その他の質問の回答状況もあわせて鑑みると、スポーツを自分のペースで楽しめるのだったら多くの女子生徒が実際には部活動をしたいと思っているのではないかと推察できます。

塩川　部活動は、子どもの自主的・自発的な活動です。しかし、現状はそうとは言えないかたちで運用されているケースも見られます。子どものスポーツをする権利を保障する観点からは、

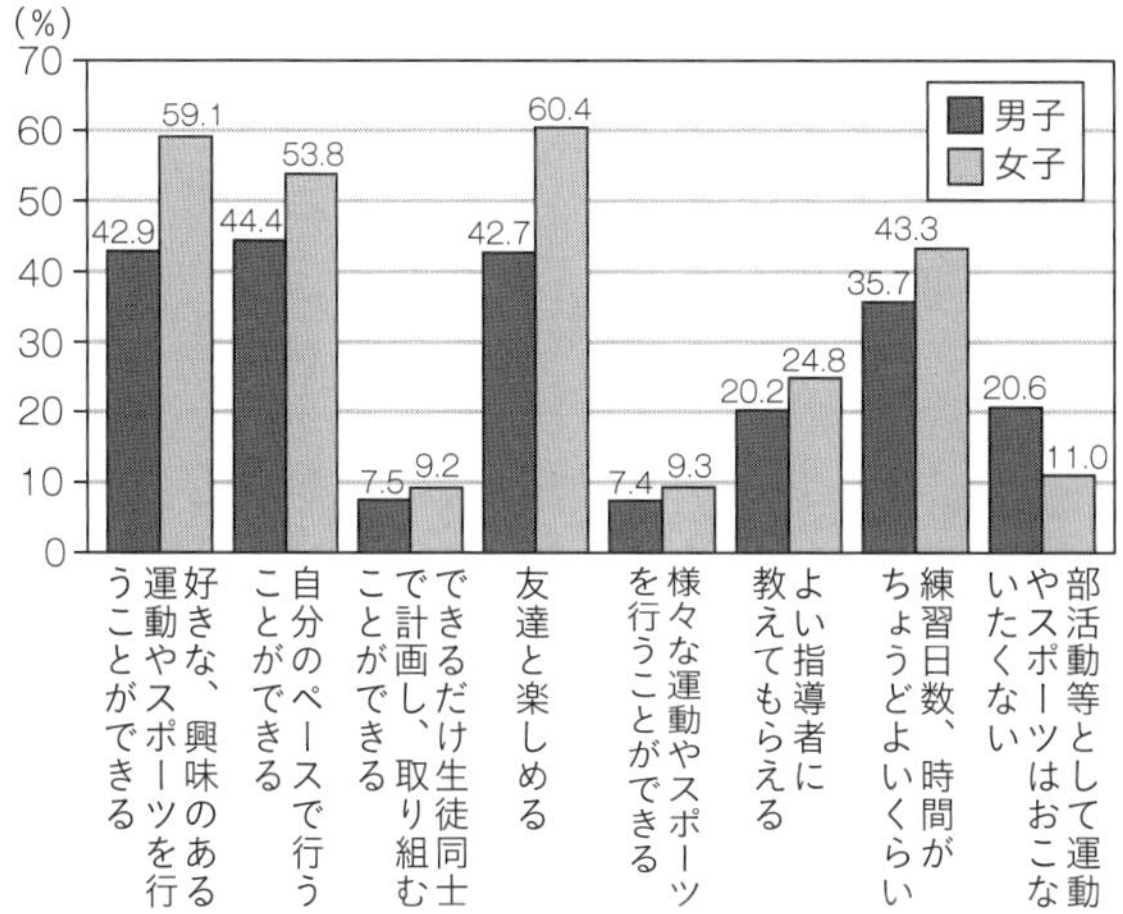

図表5-6　運動部や地域のスポーツクラブに所属していない中学生が運動部活動に参加したいと思う条件（出典：スポーツ庁、2018）

競技力を高めたい生徒だけでなく、多様な子ども一人ひとりのニーズに合った部活動のあり方を模索していかなければなりません。

友添　ガイドラインには、シーズンスポーツ部、レクリエーション部などの競技力向上志向ではない取り組みも紹介されていますね。

塩川　特に中学校期は、豊かなスポーツライフの実現に向けた基盤となる時期です。人生全体に着目して、部活動を問い直す視点がもっとあっていいと思います。現状の背景には、ともすれば中学校・高校を卒業したらスポーツからも卒業、のような雰囲気があることも考えられるのではないでしょうか。

友添　無理をしてでもいけるところまでいくんだという、ある種の突貫精神が、いまだ日本スポーツ界にはあるのでしょう。そこに持続させる、人生を見通すといった考えは見られません。

これに対して、ガイドラインを貫く「持続可能性」という言葉は非常に象徴的です。いつでもどこでも誰とでもスポーツを楽しめる。その発想で部活動も変えていくんだというメッセージが伝わってきます。

塩川 部活動改革は、子どもが日々活動する地域のスポーツ環境をどのように整えていくかという文脈に位置づくもので、その意味では、生涯スポーツを支える総合型地域スポーツクラブとゴールイメージは同じだと思います。

ガイドラインの活動時間

友添 先の議論の内容は理想としては同感ですが、一方で部活動はわが国の競技力向上を支えてきた中核だったのに、それを諦めるのかという声も聞こえてきそうです。

塩川 諦めるわけではありません。むしろ、これからは学校だけで担っていくのではなく、競技団体も協力し、地域との連携の下、言わば「コミュニティ・スクール（地域や社会とともにある学校）」の発想で、部活動の新たなしくみをつくり上げていくことはできないでしょうか。たとえば、日本サッカー協会や全日本柔道連盟が部活動指導の手引きをつくっていますが、こういったことをもっと推進していただきたいと考えています。それによって、効率的・効果的な練習が行われ、ひいては、競技力の向上にもつながると思います。

友添　ガイドラインで、部活動の活動時間を平日は2時間程度、休業日は3時間程度、週16時間未満にすること、加えて適切な休養日を設定することが明記されました。これにはどういった意見がありましたか。

塩川　様々頂戴しましたが、医科学に基づくエビデンス（「週に16時間以上練習するとケガをしやすくなる」など）をベースに示したことで、一定の評価を得られているのではないかと思います。

友添　米国やカナダのスポーツ医科学の研究では、練習時間の過多がスポーツ障がいを引き起こしやすくするだけでなく、短時間で練習をした方が練習効果が高いということも示されています。実は私もガイドライン作成の会議に参加していましたが、作成委員の中にも、練習時間が短くなることに懸念を示す声がありました。

塩川　部活動指導に熱心に取り組んでこられた先生の中には、ためらいのある方もいると思います。しかしこれからは、「合理的な練習」にシフトしていく必要があります。世界を見渡せば、競技力向上の観点からも、長く練習をすればいいという時代は終わってきています。

友添　学校生活という大きな視点で考えれば、部活動だけをやるのではなく、勉強や読書をしたり、興味のあることに打ち込んでみたりと、バランスのよい時間の過ごし方が理想的だと思います。

塩川　学習指導要領改訂に関連して言えば、部活動は「アクティブ・ラーニングの実践の場」として非常に意義があると考えています。しかし、その意義を実現するために週に数十時間もの時間が必要なのか、何かを犠牲にしてまで部活動に取り組むことは健全だと言えるのか…。この機会にこうしたことも考え、先生方には部活動を見直していただきたいと思います。

高校の部活動を変えるために

友添　今回のガイドラインはあくまでも中学校用で、高校は関係ないと思っている方もいるようです。

塩川　ガイドラインには、高校でも「原則適用」としています。高校は選抜入試を行っていたり、中学生よりも成長していますので、中学校と全く同じとは言い切れません。しかし、ガイドラインの基本的な考え方に違いはありません。高校だから、非合理的に長々と練習をすることがいいということはないはずです。

友添　高校では、特に大会のあり方の見直しが喫緊の課題だと思います。インターハイの予選が6月、本大会が8月に行われ、10月には国体があり、冬の時期には各競技団体主催の全国大会がある。このようにおよそ2～3カ月に1回、それも単一校単一チームという制限の下で大きな大会があるのが現状です。ここが変わらないと、本当の意味で部活動は変わらないのではないでしょうか。

塩川　大会の意義は、未来ある子どもが「日頃の練習の成果を発揮するための場」です。であれば、できる限りの生徒にその場を保障する必要があります。そう考えると、合同チームで参加することはなぜだめなのか、友添さんがおっしゃるような大会の乱立状態はケガ無く安心してスポーツを楽しむこと、バランスのよい生活の観点からは正常なのかといったことを、子どもファーストの視点に立って問い直す必要があるでしょう。

部活動改革は待ったなし

友添　実は2014年にも「運動部活動での指導のガイドライン」が示されています。これは、当時社会問題となった桜宮高校バスケ部体罰事件という切迫した問題を背景に作成されたものです。これ以降、部活動での体罰禁止が徹底されたと思いますが、現状は改善されたと見ていいのでしょうか。

塩川　その後、有形力の行使としての体罰は減ってきてはいます。

友添　有形力の行使としての体罰、つまり「殴る」「蹴る」といった体罰は減った。しかしそれらが、言葉によるハラスメントをはじめとした目に見えないかたちに、言い方を変えると、巧妙化している恐れもあるのではないでしょうか。

塩川　ハラスメントはなぜ起こるのか。それは自分が相手の立場だったらどう思うかを考えられなくなった時に起こるものだと、私は考えています。指導者も人間ですから、カッとなることはあるかもしれない。そういった時にそっと胸に手を当てて、一度相手の立場に立って考えてみる。このような意識の持ち方を徹底するだけでも、防げることはあるのではないかと思います。体罰だけでなく、すべてのハラスメントが断じて許されないものです。

友添　最後に何か言い残したことがあればお願いします。

塩川　冒頭で中学校の生徒数が減少しているという話がありました。実際に平成の30年間で中学校の生徒数は約４割減少しています。一方で、学校数は1割程度の減少です。つまり1学校あたりの生徒数が大幅に減少しているわけです。こうした数字からも、今の部活動のしくみのままでは、子どものスポーツ環境を次世代に継承することは不可能と言わざるを得ません。そうならないようにするためにも、今、部活動改革を進めていくことが大人の役割だと思っています。

〈注〉

1　部活動指導員の具体的職務は省令の施行通知（28ス庁第７０４号　２０１7年3月14日）で下記のものが例示されている。
実技指導／安全・障害予防に関する知識・技能の指導／学校外での活動（大会・練習試合等）の引率／用具・施設の点検・管理／部活動の管理運営（会計管理等）／保護者等への連絡／年間・月間指導計画の作成（教諭等との連携・校長の承認）／生徒指導に係る対応（部活動中の日常的な生徒指導、いじめや暴力行為に対しては学校として組織的対応）／事故が発生した場合の現場対応（応急手当、救急車の要請、医療機関への搬送、保護者への連絡等、教諭等への報告・連絡）
また、スポーツ庁は部活動指導員の任用前研修として、学校設置者（教育委員会等）による研修と任用された学校による研修の二つを実施し、任用後も定期的なフォローアップ研修を求めている。

2　なお、ガイドライン策定にあたっては、中学校・高校の管理職、運動部活動担当教員、保護者、運動部に所属する中学生・高校生、外部指導者等の回答者約10万人、中学校約４５０校・高校約４００校を対象にした大規模調査を実施している。

3　教育課程外の活動である部活動の指導が教員に半ば強制されることによって、授業準備に支障をきたし、また、生徒にとっては強制入部が人権侵害をもたらすなど、現状の部活が多くの問題を引き起こすとの立場から、部活の顧問をするかしないかの選択権の容認と現状の部活の問題点の解決を文科省に求めることを目的に、現場の教員が始めたプロジェクトのこと。これらの活動は、主にＷｅｂやＴｗｉｔｔｅｒなどのSNSを用いて行われた。

4　先述したように、この座談が行われた時点では、部活動指導員の名称や職務内容は決まっていなかったために、ここでは「仮称」と記した。

5　運動会などの体育的行事で行われてきた四つんばいで重なる「ピラミッド」や、肩の上に立ち塔をつくる「タワー」などの身体を使った集団演舞を組体操と言う。組体操による事故は全国で多数報告されていたが、２０１５年9月に大阪の中学校で10段ピラミッドによる生徒の骨折等の事故を契機に組体操の実施の是非をめぐって社会問題となった。組体操には達成感や協力、感動の体験などが得られ教育上有益だとする賛成派と子どもに重大な障がいや、時には後遺症をもたらし、危険で安全性の点から容認できないとする反対派の間で論争が起こった。教育委員会によっては、段数制限や高さ制限を課したり、一律禁止するところも見られた。

6　池江璃花子（いけえ・りかこ）選手は水泳の自由形・バタフライの選手として個人種目とリレー種目をあわせて、18種目の日本記録を樹立した（長水路、短水路を含む）。しかし、高校3年次の２０１９年2月、オーストラリア合宿から帰国後、白血病であることを自ら公表し、現在、再起に向け闘病中である。

7　複雑化・多様化する学校の課題に対応するには、学校組織全体の総合力を高め、教員とは異なる専門性や経験を有する専門的スタッフを学校に配置し、教員と連携して一つのチームとして力を発揮することが求められる。このような観点からの諮問を受け、中央教育審議会から、２０１５年12月に「チームとしての学校の在り方と今後の改善方策について」の答申が出された。この答申では、「チームとしての学校」を実現するために専門性に基づいたチーム体制の構築が掲げられ、スクールカウンセラーやスクールソーシャルワーカーの配置と並んで、部活動の指導、顧問、単独での引率等を行うことができる職員として、部活動指導員（仮称）を法令に位置づけることが求められた。この答申を受けて、学校教育法施行規則の一部改正が行われ、２０１７年３月14日の施行通知で部活動指導員制度が設けられた。

8　T２はティームティーチングで用いられる用語で、この場合、効果的な授業を行うために体育教員の補助として授業に介入することを指している。ティームティーチングについては、第２章 ２の注３を参照のこと。

第6章

これからのスポーツ科学の構築に向けて

―第6章ナビゲーション―

どのような学問にもその誕生の背後には、やむにやまれぬ事情があるようです。言葉を換えて言えば、ある学問が生まれるためには、そこに一定の必然性があるということです。

洋の東西を問わず、近代の学校教育制度では体育の授業が、当初から正課として位置づけられました。日本も例外ではなく、1872年の学制公布の当初から、そして戦後は保健体育の授業として現在に至るまで、小中高校では必修科目です。大学では戦後の新制大学が発足した1948年から、大学設置基準が大綱化された1991年まで、保健体育科目の4単位は卒業要件として必修に位置づけられていました。

戦前は体育の実技を主とした授業をどのように効率的、効果的に進めるのか、あるいは富国強兵政策の一環として国民体力をいかに向上させ、強健な身体形成を促進させるのかといった研究が行われるようになりました。これらの研究は、その多くを教育学的な方法に依拠し、研究の対象は主として発達途上の青少年であったために、教育学の一分野を構成する体育学という名前の下で行われました。体育学には、さらに学校の体育の実技研究を発展させて、医学研究の成果を適用させながら、競技力向上のための研究も、本章の最初の座談で述べられているように、既に戦前には行われていました。

このような体育学という名前の下で行われてきた研究が、1964年の東京オリンピック開催に伴う国際競技力向上という必要性から、研究の射程を教育の範疇から大きく広げていくようになります。具体的には、1961年に現在のJSPOの内部にスポーツ科学研究委員会が設置され、医科学の成果を応用した「エビデンスベースド」(Evidence-based)の研究が盛んに行われていくようになります。先述した大学で保健体育科目の授業担当者として大学に雇用された正規教員が、このような研究の担い手となっていきます。他方、この頃から、高度経済成長に入った先進諸国は増大する余暇と進展するモータリゼーションの中で、国民生活の質的向上と医療費の抑制を目的にスポーツ振興を政策に掲げ、これがスポーツの大衆化運動(Sports for All Movement)に発展していきました。そして、スポーツの社会的認知が進み、スポーツの市民権の獲得とともに、文化としてのスポーツを対象に様々な学問の方法論を駆使したスポーツ科学研究が主流になっていきます。現在では、体育学を名乗る学部・学科よりも、スポーツ科学を冠した大学・学部・学科の方がはるかに多くなっています。

「日本のスポーツ科学をめぐって」と題した本章の最初の座談は、スポーツ科学の過去・現在・未来について時々の社会背景を視野に入れながら語られています。科学一般がそうであるように、スポーツ科学も時々の政治力学と無縁ではあり得ません。だからこそ、研究者は将来世代に向けた長期的視座に立った研究をしていく必要が語られます。後半の対談では、日本体育学会会長の深代千之さんと、学会の今後についてお話ししました。

1 〔座談〕日本のスポーツ科学をめぐって

―今回お話しする人― 菊 幸一 ＋ 森丘保典

（2016年3月31日収録）

日本のスポーツ科学

友添　近年、「スポーツ科学」が日本の多くの大学で学部・学科の名称として使われるようになり、かつての体育学部が非常に小さくなりつつあると感じます。スポーツ科学の時代がきたと言ってもいいかもしれません。しかし、スポーツ科学について、私たちの中に確たる共通理解が得られていないという現実があります。一方で、スポーツの医学的研究のように実験室でマウスを対象にする研究から、現場の運動実践を対象とする研究、または文献を読み込んでいくような人文社会科学的研究、というように非常に多岐にわたる研究領域があります。

菊 体育学からスポーツ科学へ移行しつつあるという話ですが、もともと体育における科学の出自は教育学です[*1]。本来は人文社会科学的な教育的成果を求めるものでした。体育学について言えば、体育という教育のフレームの中で、競技を通じて子どもたちにどういった人間形成が行われるのか、教育的資質が高められるのか、これが中心であったと思われます。そこでは社会との関係で、ある時は非常に競技に特化したものが要請されるし、ある時は体力の向上や健康を要請されるというように、必ずその時々の社会の要請を受けてきました。そことの関係で体育教育の善し悪しや、体育独自の人間形成論が研究されてきたのです。それが、体育学の中心であったと思います。

しかし、その中心がスポーツに移った時、運動部活動がベースとなって、社会的に競争の結果を求める方向へ向かっていくようになりました。スポーツを通じた競争の結果は、社会において非常に受けがいいのです。教育は長い時間がかかる営みですが、スポーツはすぐに結果が出る。また、スポーツの持つ差異の絶対性が社会に与えるインパクトはとても大きいために、おそらく現在、そういった方向への推進力がますます強まってきているのだと思われます。教育の成果は、それを量的に変換して外にわかりやすく示すことが難しいのですが、スポーツはその成果を量的に変換し記録として残していくことができます。そういったスポーツの量的成果を裏づけていく因果論には、研究としても非常に取り組みやすいところがあります。すなわち数値化し、その数値の関数を因果論的に述べることが容易くできる。そうした経緯があって、体育学よりはスポーツ科学というかたちで展開しよう、そうした方が科学的な発展としてもわかりやすいはずだ、ということなのでしょう。しかし、体育学が教育学をベースにしたように、本来スポーツ科学は生理学や体力科学、医学といった様々な自然科学系の親学問からの方がアプローチしやすかったのではないかと思われます。

私は、スポーツと科学の問題は古代ギリシャからあったと考えています。古代ギリシャ前期のオリンピアでは、勝敗そのものが神の意思を占う競技でした。そういったある種の神話的なものが科学的なものへ置き換わっていく、表現を変えれば、聖なるものから俗なるものへと変わっていく過程を押さえておかなければいけない。これは、今起きている問題にも同じような構図があります。スポーツのアマチュアリズムは、実は非常に狭い階級の思想でした。狭い人たちの中で行われていたスポーツは、聖の領域に近い、ある種の偶然性や自分の力の及ばないことをむしろ楽しもうとするわけです。因果論ではなく、目的論の中でスポーツを行っていたのです。

友添　菊さんのお話をうかがいながら、研究方法論の特性論から見た体育学とスポーツ科学の相違が、一方では歴史社会的に規定された時間軸の中で体育学からスポーツ科学に移行させてきたこと、そして他方で、この変遷はその背後に、他ならぬ社会的需要が、因果系列が明確でエビデンスがはっきり位置づけられるスポーツ科学に味方したのではないかと考えていました。

もう昔の話になりますが、菊さんや私が大学院生の頃、菊さんは体育社会学の講座にいて、私が体育原論だとか体育哲学と言われる講座にいたわけですが、そこで言う体育社会学や体育哲学とは、建前では体育の授業や教科としての体育を対象にした学問領域ということになっていました。しかし、実際には1980年代初頭の当時から、私たちがやっていたことは、体育学の大学院という名前の下で、実質的にはスポーツそのものを対象にした研究をやっていたのだと思います。私たちがこの世界で生きてきた中でその後、一層劇的な変化があったということになりますね。

東京1964オリンピックとスポーツ科学

菊　そう思います。1964年の東京オリンピックで「金メダル16個を獲得した」というように、ある時、目標や結果を数値で表すことが、社会全体（政治や経済）に対して大きな影響を与えられると気づいた。だからこそ、もっと数値を使ってプロモーションしようということになります。すると体育のフレームの中では話が納まらなくなってしまい、教育の営みの枠にあった体育は、その範囲を広げなければならなくなります。

友添　スポーツ科学の方がスポーツを「見える化」しやすいということですね。成果が数値として表れることによって、社会的にも意義があるかのように見える。

菊　1978年に日本体育学会に体育科教育学専門分科会（現体育科教育学専門領域）ができました。これはよくも悪くも非常に大きなエポックメイキングだと言えます。従来の教育学的なレベルで、体育学全体で議論していたものが、一専門分科会に集約されてしまったからです。するとその他の領域、たとえば体育社会学や体育心理学などは、それまで行っていた体育の授業を対象としてきた研究は体育科教育学に任せておいて、社会の中での影響力が大きいスポーツに特化して研究範囲を広げていいという、棲み分けが制度の後押しによってなされるようになります。こう振り返ると、結果として日本体育学会が組織的にスポーツ科学への移行を後押ししたと言えるのではないかと思います。

友添　スポーツ科学という名称がいつ頃から使われるようになったのかを調べると、ヨーロッパでは1930年代あたりから医学研究との絡みでスポーツ科学という営みがあったようです。そして、日本では、1964年の東京オリンピックの準備過程で、日本体育協会（現日本スポーツ協会）の中でスポーツ科学の研究がスタートしていったということです。森丘さん、日本体育協会でのスポーツ科学の研究の系譜を教えていただけませんか。

森丘　日本体育協会のスポーツ医・科学の歴史は、1947年に「体育医事相談所」を開設して競技者の健康管理や医事相談に着手したことに始まります。そしてスポーツ科学という言葉が使われるようになったのは、おそらく1964年東京オリンピックの4年前の1960年に、本番に向けた競技力向上の支援を目的としたスポーツ科学研究委員会が選手強化対策本部の中に設置された時からだと思います。その翌年にはスポーツ科学研究室が設置されて委員会の研究活動を支えていくことになりますが、主に競技者の体力測定などの量的なエビデンスを選手強化に活かしていくということが活動の端緒だったと思われます。

その後も競技力向上に関する研究を中心に進められていきますが、昭和47（1972）年に保健体育審議会から出されたいわゆる47答申[*2]以降は社会体育や地域スポーツの振興などを扱う研究も見られるようになり、さらに1970年代に差し掛かってくると、競技団体や都道府県体育協会への医・科学委員会の設置と活動の促進を目的とする研究事業なども行われるようになります。

友添　私たちが今考えるようなスポーツ科学や、あるいは森丘さんが言われたスポーツ医・科学という言葉が市民権を得るようになったのは、1964年の東京オリンピックが契機になっていると思います。日本のスポーツ科学研究にとって、東京オリンピックは非常に大きな出来事だったと考えてもいいでしょうか。

森丘　そう思います。

菊　私もその通りだと思います。これは私の見方ですが、もう少し歴史を振り返ると、1920年～1930年代の戦前における実質的なスポーツ科学研究の背景には、国が税金を使ってスポーツを振興する、競技力を向上させる必要性があったからだと考えられます。1912年のストックホルムオリンピックには、意外なことに国は一切お金を出していません。国が初めてお金を出したのは極東選手権大会です。この大会の参加国は、中国、フィリピンと日本の3カ国だけです。なぜ、そこにわざわざお金（税金）をつぎ込んでスポーツ大会をやろうとしたのか、どういった意図を持ってこの政策を進行したのか。そこには競技力が絡んできます。今の感覚で考えると、オリンピックという世界レベルでの大会に資金を投入し競技力を向上させるのが妥当だと思うのですが、振り返ってみると、中国と東南アジアとのトライアングルの中で、戦前からすでにスポーツの持つ国策的な意味がある程度意識されていたのではないでしょうか。

友添　1924年に文部省の中に国立体育研究所がつくられています。解剖学、生理学、心理学、病理学、衛生学など、それから教育学や哲学の研究室もあったようです。現在のＪＩＳＳでは人文社会科学の領域は扱っていません。それが１９２４年の時点で教育学や哲学という領域を扱っているということは、その時点で教育をかなり意識してつくられていたのだと考えられます。他方では、教員養成として東京高等師範学校体育科があり、日本体育大学の前身である日本体育会体操学校があり、そこで指導者養成をやっていました。

しかし、ここで競技力の向上を国として意識していたということは、アジアの盟主として日本のポジションをスポーツの勝利で得ようという意図があったのではないでしょうか。しかし、残念ながらこのことに関する研究は、私の知る限りでは広島大学の樋口聡さん以外では見ることができません。極東選手権の中で日本の覇権を示そうという意図があったのではないかという菊さんの指摘は非常に面白いものだと思います。もともとこれまでの日本のスポーツ科学研究およびスポーツ医科学研究では、競技力の向上ということ以外はあまり考えられてこなかったのでしょうか。

森丘　１９６４年の東京オリンピックに向けて、ということに関しては、明らかに競技力向上を目的にしていたと思います。ただ、１９１１年の大日本体育協会創立趣意書に国民の体力・体育と書かれていることから、競技力向上の以前に国民の体力向上、という考えだったのではないかと思います。

菊　東京オリンピックの陸上競技、水泳等の競技では、１９６０年のローマオリンピックでそれなりによい成績を収めていたのでメダルが獲れる目算があったと思います。その基盤は運動部です。学校運動部を母体とする大学運動部や企業運動部で培われた、言わば運動部文化で競技力を向上させていく。それで何とかなると思っていた。ところが東京オリンピックをやってみると、水泳ではアメリカの若い男子高校生であったショランダー[*3]に自由形でメダルを持っていかれ、日本はわずかに男子の4×200m自由形リレーでの銅メダルのみ。陸上では円谷幸吉選手[*4]が銅メダルを獲った以外は惨敗でした。大きなショックを受けたと思います。特に水泳、陸上のように非常に注目される競技において、その最先端の部分では、それまでの非科学的な、運動部文化的なやり方では世界に太刀打ちできないということが、結果としてまざまざと見せつけられたのですから。

実験室とスポーツ現場のズレ

友添 そうした現実を知った時の日本体育協会スポーツ科学研究委員会は、各種目にトレーニングドクターを配置しました。しかし、報告書等を読むと、そのトレーニングドクターと競技団体がうまくいったところはあまりないようです。トレーニングドクターは一生懸命理論を話すが、現場はそれを受け付けず精神論が説かれるといった状況でしょう。バレーボールの監督だった大松博文さんの「俺についてこい」式があったり、あるいはレスリングの八田一朗さんのように上野公園でライオンとにらみ合いをさせたりといった練習が現実にあったわけです。彼らは成果を出していますが。スポーツ科学の知的な研究成果が現実のスポーツ実践にうまく結びつかなかったのはなぜなのでしょうか。それは学問的に成熟していなかったからなのか、あるいはもともと研究室や実験室で生み出されてくる理論知と現場でやられている実践知とはうまくかみ合わないものなのでしょうか。

森丘　Evidence-based Medicine（エビデンスベースドメディスン）の本来的な意味は、科学研究によって得られた最良の根拠と臨床家の経験、そして患者の価値観などを統合しながら、よりよい患者ケアに向けた意思決定を行うものであると言われますが、この「統合」へのアプローチが十分になされていないことが問題だと思います。

競技スポーツのトレーニングやコーチングで言えば、一般性の高い理論が、必ずしも多くの場合に有効とは限りません。比喩的に言えば、90％の人に当てはまるが10％しか説明できない理論よりも、10％の人にしか当てはまらないけれど90％説明できる理論の方が、むしろ現場では役に立つことも少なくありません。その意味で、以前から言われていることですが、大規模な疫学研究と臨床研究・事例研究の両方を重視する医学研究が一つのモデルになり得ると考えています。

菊　医学には基礎と臨床が明確に分かれています。その中でやるべきことと、お互いにどう関連するかということを含めてノウハウがあると思います。特殊なケースを一般化していく際に、人間を対象にするのかマウスを対象にするのかということも含めて、それぞれの成果についてどのような活かし方をするのか、どこまでいったら汎用性があるのかどうか。人の命に関わる問題ですので、当然そこには厳しいエビデンスが求められるわけです。ところがスポーツ科学の場合には、教育学をベースにスポーツ科学へいくと、医事相談や医事研究という、もともと医学の領域にいた人たちがある意味、傍系で関わっているわけです。教育臨床や教育哲学（原論）に基づいてスポーツ科学を見ようとしているわけではなく、医学がまかないきれない部分をスポーツで補うかのように、スポーツ科学の一つのベースをつくってきているのではないかと思います。

友添　東京大学医学部の生理学第一講座の助教授であった猪飼道夫さんが、教育学部の体育学教室に自ら配置換えを希望されて、スポーツ医学や運動生理学の講座を開かれた例はありますが、そしてまた近年は少し変わりつつあるとは思いますが、猪飼さんの例はまれで、医師で医学畑出身で、スポーツ科学やスポーツ医科学分野で研究者としての生涯を全うするという例はあまり見られないように思います。むしろ、仮の宿のようなある種のトライアルのように、ある時期スポーツ医科学研究をやって、それからまた医学へ帰っていく、という方が多かったように思います。

日本の学界の歴史として、医学畑出身の人は昭和24（1949）年に設立された日本体力医学会へ多くの方が参集し、体育畑出身の人は昭和25（1950）年設立の日本体育学会へ進んでいって枝分かれした経緯があるように思います。もちろん、日本体力医学会にも体育畑出身の人たちは多くいます。しかし、言わばこういった股裂き状態がスポーツ科学における臨床と実践の結びつきがうまくいかない理由の一つだったようにも思います。

「スポーツ科学」という言葉

菊　一般的に言われる「スポーツ科学」とは「運動科学」にきわめて近いのではないでしょうか。

ムーブメントやビヘイビアは、要するに量的な結果を、つまりスポーツ科学の成果を目で見るための捉え方であって、「それは本当にスポーツ科学と言っていいのか」という問いかけも必要だと思います。

友添　欧米のスポーツ概念は、その外延を非常に大きくとる傾向が強く、フィジカル・アクティビティからムーブメント、あるいはエクササイズまで含んでスポーツという、言わば広義としてのスポーツ概念の立場をとるということでしょうか。たとえばスポーツ生理学の中に、日本で言う運動生理学も入ってくると思います。日本語ではそういった事情がうまく反映されていないということが無きにしも非ずであったと思います。スポーツ医学やスポーツ生理学では、実はスポーツを対象にするよりも、健康の問題や体力の問題、言わば文化を捨象したようなムーブメントやエクササイズを対象にした研究を展開してきました。

菊　スポーツを運動、ビヘイビア、あるいはエクササイズとして見れば、そこに人間としてのどういった意思があるのか、モチベーションがあるのか、価値や意味があるのかといったことはあまり問わないわけです。問わずしても関数が出てくるので結果は出ます。そのことを認識しながら統合しようとしているのであれば話は違ってきますが、スポーツ科学研究に参入する人たちが対象とするスポーツを最初からエクササイズとして見ていくのであれば、終始人文社会科学は入る余地がなくなるわけです。あるとすれば、従来からある教育学の伝統を踏まえた体育的な観点から、スポーツや体操を人間教育の営みの手段として捉えていくことくらいかなと思います。

友添　同じ事情がアメリカにもあります。科学としてのスポーツサイエンスの問題と学問論としてのヒューマンムーブメントの問題をうまく組み分けています。

　いずれにしても、スポーツ科学という枠組みで捉えた時に、この中では何故に自然科学、競技力向上の科学と言われているものが中核になってきたのかということがやはり気になるところです。人文社会科学の系統がスポーツ科学の中で、より劣位に置かれてきたのは、研究成果がはっきり見えるか否かの問題、つまり実用性や有用性の問題なのかということを考えた時に、人文社会科学は短絡的に実用的でも有用的でもないと考える人たちがいることが問題であるということを考えなければならないと思います。

菊　運動やエクササイズというかたちで、主に医学的な観点から一つの因果関係をつくってきた経緯があるわけです。そういった中では、媒介変数をコントロールしなければいけないので意図的に排除されている部分があります。それが量産されていけば、当然スポーツを対象にしていても、そういったバイアスがかかったものがスポーツ科学として認知されていってしまうわけです。しかし、そういった研究をしているスポーツ科学者は、一体自分たちが何をどう引き受けているのか、ということの議論が、日本体育学会ではあまり真剣になされていないという印象がありますね。

スポーツ科学研究とは

友添　最近の傾向として、たとえば工学部や理学部を出てスポーツ科学を勉強したいとか、また文系でも文学部や哲学科を出て大学院のスポーツ科学研究科へ進んでくる院生が増えています。そういった場合、スポーツ科学における基礎的な了解事項や、従来の体育学が大事にしてきた学問的基礎やエートスみたいなものを押さえることなく入ってくるわけで、指導するこちら側とも時に異文化交流状態になることがあります。つまり、対象をスポーツに限定し、方法はそれぞれの学部でやってきた親学問の手法を単純に適用して研究をやっていくという現象が起こっています。そうすると、スポーツ科学研究における共通認識が極めて希薄になっていきますし、スポーツ科学のアカデミック・アイデンティティが揺らいでいくという問題が生じています。

森丘　私自身は自然科学の領域からスポーツ科学研究に入ってきましたが、競技会におけるパフォーマンス分析のデータを選手にフィードバックするという活動に20年ぐらい携わっています。その過程で、一人の選手の競技力向上に科学的なデータを活かすためには、その選手が積み重ねてきたプロセスへの理解と分析が不可欠であるということに気づかされました。そういった地道な積み重ねに乏しい、そういう土壌のない中で行われた研究の結果を、選手や指導者が簡単に受け入れるとは思えません。

友添　現実には、どういった方向を向いていて何をしようとしているのかわからないまま研究しているということがあります。ある研究室のリーダーやサブリーダーだけが研究の全体を知っていて、助手や院生たちは分業をしている。つまり助手や院生たちからすれば、自分が何をやっているのかわからない。でも、10人ぐらいで分業しながら、その成果を統括するサブリーダーが最終的にリーダーと相談して助手や院生の分業パートに応じて論文をまとめさせます。そうすると、1年で研究グループとしては10本の論文が完成し、その業績はメンバーに配分されます。

菊　スポーツ医科学の、まさに医学化が起きているということですね。大学の研究体制における講座制解体と言いながら、結局のところ博士論文を量産するために、研究費や研究時間をたくさんの学生に効率よく配分していかなければいけません。合理的にやっていかなければいけないわけです。

友添　査読付き学会誌のファーストオーサーの論文数が5本以上であるというのが大学の採用要件であると言われても、人文社会科学領域においては30歳未満でその要件を満たすのは不可能に近い。自然科学系と人文社会科学系が同じ尺度で比較されると、大学には自然科学系の助教や助手だらけになってしまうという現実があります。

菊　私が九州大学に勤めていた時の話ですが、この大学では伝統的に子どもたちの発育発達（体格）や体力テストのデータを積み重ね、長期的な研究視点で子どもの発育発達や学生たちの体力の変化を見ていくという、非常に息の長い量的な研究が行われていました。長い目で定点観察をしていき、時系列で追っていくと、理屈は別にしてもある傾向が必ず見えてきます。そういった研究が、スポーツ科学の中でほとんど取り上げられなくなっているのではないでしょうか。

森丘　スポーツ科学に限らないと思いますが、科学研究を取り巻く構造的な問題があると感じます。若手研究者がそんな長い目で研究していたら、学位取得や就職に間に合いません。私は日本体育学会と日本体力医学会に毎年参加していますが、特に日本体力医学会は、社会的な要請やトレンドに敏感と言いますか、研究費を取りやすいテーマへ学会全体としてシフトしていっているという印象です。

菊　シビアな状況ですね。

友添　回顧主義に陥るわけではありませんが、昔の大学にはある種の懐の深さがありました。旧帝大系の一つである九州大学でも、教員の中に研究とはそういうものだという考えがあったと思います。つまり、短期間ですぐに成果を出すことが必ずしもよい研究であるわけではないというような、懐の深さと、研究観がしっかりしていたと思います。

菊　ある種の風土、組織文化ですね。よい意味でも悪い意味でも、それぞれの大学には研究に対する独特の個性や特徴があって、ロングランでじっくりと研究に取り組むという組織的基盤や体制があったように思います。

スポーツ科学と指導

友添　スポーツの指導や実践に有効な知見が生まれてきても、全体へのフィードバックがされていないように思えます。いざ、東京２０２０オリンピックに向けて進もうとなった時に、そういった知見が浸透せずに、個々の指導者や選手の努力に投げ出され、それぞれがそれぞれの方法でやるといった状況になるのではないか。1964年の東京オリンピックの時と今とではどう違っているのでしょうか。根本的な部分ではそれほど変わっていないような気もするのですが。

森丘　ここ20年ぐらいのことしかわかりませんが、以前に比べて研究者と指導者の関係はずいぶん変わってきていると感じます。大学院で研究のイロハを学んだ人が競技団体の強化の中心人物になる、あるいは博士課程を修了した人が大学運動部の指導者になるといったケースも増えてきており、スポーツ科学の前提のようなものを共有しながら共通の言葉で対話ができる場面が増えてきたように思います。

友添　確かに、中堅から若手の指導者はだいぶ変わってきたように思えます。自由に議論し、自由に指導するという動きが出てきているように感じます。ただ、いまだに現場では根性論のレベルで指導している指導者がいますね。そして結局、マラソンの小出義雄さんやレスリングの栄和人さんのように個人的に特別に優秀な指導者に頼っている部分は否めない。

菊　そういった特別な指導者だけではなく、汎用性を持った指導で成果を出せるのかどうかが科学的には重要になってきますね。

森丘　汎用性を持った指導に関わるかもしれませんが、オリンピックや世界選手権の代表になった選手たちが、幼少年期からどのように成長してトップレベルに至ったかというプロセスを、今まで以上に詳細かつ多角的に研究しようという動きも出てきています。「育てるものではなく生まれるもの」

と表現されるスプリンターの日本代表クラスでも、朝原宣治さんのように中学生まではハンドボールをやっていた選手、桐生祥秀選手のように中学生の頃からトップレベルにいた選手、さらに高瀬慧選手のように中学生では県大会レベルで、高校・大学では400mに取り組みながら最終的に100m、200mの選手として活躍している選手などもいます。このようにトップに至るまでの多様な山の登り方があるということを、まずはしっかりと明示する必要があると感じます。

また、陸上競技の日本代表選手の半分以上は中学校期に全国大会に出場していません。高校生になると8割ぐらいの選手が全国大会に出場し、6割ぐらいの選手が入賞していることから、少なくとも高校くらいまで競技を継続しないと将来オリンピック選手になれるかどうかはわからないと言うこともできます。競技団体がそういうエビデンスを踏まえて競技者の育成指針を策定するという流れも出てきていますし、それが汎用性を持った指導にもつながっていくスポーツ科学の取り組みと言えるのではないでしょうか。

友添　若年競技者のタレント育成に関する研究では、あまり早い時期に一つの競技に特化させると成績が伸びないという結果も出ています。

森丘　2015年にIOCが若年期競技者の育成に関する提言を出していて、若年期における早期専門化やタレント発掘に改めて警鐘を鳴らしています。競技の高度化や低年齢化による身体的、心理的、環境的負荷の増加は、日本だけでなく国際的な問題であると言えそうです。

スポーツ科学研究の現状

友添　今のスポーツ科学研究は大きな母屋の中に同床異夢で、全く見ている方向が違う人がスポーツ科学という一つ屋根の下で暮らしているという現象が起きているように思います。そういったことがさらに進行していくと、スポーツ科学の学問的な目的が何なのかということが見えなくなってしまうのではないでしょうか。これまでは、スポーツ科学の意味とは何なのかという哲学的な議論をするまでもなく、ある程度の共通了解を持っていたのですが、現在は共通了解を持ち得ない時代がきているように感じます。スポーツ医学研究をしている若い研究者は、スポーツ科学研究者よりも医学研究者とより強いコミュニティを持っています。スポーツ社会学を研究する研究者は、他分野のスポーツ科学研究者と議論するよりも社会学者と議論する方がずっと親和性が高いと言います。つまり、スポーツ医学は医学の中のサブ・ディシプリンであり、スポーツ社会学は社会学のサブ・ディシプリンであるというように、それぞれの親学問に吸収されて解消されていくと、スポーツ科学という領域はいらないのではないかという話になってくると思うのですが。

菊　繰り返しになりますが、体育学という教育学をベースにしたディシプリンを相対化し、問題の領域が広がっていくということがあったとしても、不易流行の不易の部分で、自分たちが何に対して、どのように踏み止まっておかなければならないのかを考えておかないと、この学問領域自体が解体してしまうかもしれないという危機意識を持つ段階にきていますね。

友添　具体的には何に踏み止まらなければいけないと思いますか。

菊　人間にとってスポーツとは何か、運動とは何か、いわゆる目的論的な構造を意識しなければいけないということです。それがなくなって因果論だけでいくと、運動やエクササイズですべてを数値化し、何らかの「原因―結果」に意味を付与してそれで終わり（結論）になります。それが続くと、結果的にはそれぞれの親学問と言われる領域の一対象に位置づけられ、スポーツ科学が解体していくということですね。

友添　所与の目的をいかに効率よく達成するかというような研究スタイルはもちろんあっていいのですが、これだけになってしまうのはよくないと思います。むしろ価値の問題、あるいは哲学の問題といったことも同時に考えられなければいけないと思います。目的合理性の発想から価値合理性への発想に転換・回帰していく。現状では所与の目的達成のためには手段を選ばないという発想が優位を占めているけれども、スポーツ科学研究にとってもう一度大事にしていかなければならないものは何かということを学会レベルでも議論することが必要だと思います。

菊　卑近な例ですが、たとえばコーチングで技能について取り扱う際に、バイオメカニクスといった自然科学的な技能の捉え方、いわゆるモノとして捉えていくという考え方があります。一方でモルフォロギーや現象学のように、たとえばマイネルが提唱した運動学的に捉える、まさに人間が運動するということはどういうことなのか、カンやコツといった研究が、そこではなされるわけです[*5]。そういったものが混在していると思います。そのような中で、われわれがスポーツをする際に、技能についてどう考えていけばいいのかと言えば、おそらく最終的には人間学的なレベルで考えざるを得ないのではないでしょうか。いくら自然科学的なデータについてあれこれ言ったとしても、もう一度トランスして、それが人間にとってどういった意味があるのかというようなところから問い直していく必要があります。数値化されたデータを「人間の技能」として、改めてそれを見ていくという観点から、人文社会科学的な成果を含めて統合的に議論することで「スポーツ科学」が成立すると思うのです。

友添　スポーツ科学に限らず、一般に今の大学における研究は研究費を大学が手当てせず、研究者自らで外部資金を稼いできなさいというスタンスです。つまり、外部資金を獲ってきて、自分で研究の方向性を見つけて自分で生産をしなさいというように変わってきています。外部資金を有効に獲ってくるためには、一定の期日までに何らかの成果をかたちとして示さなければいけません。見える化をしていかなければいけないわけです。逆に言うと、時間をかけてじっくり構えて価値や意味の問題について考えるような研究の本来的なあり方や営みを忘れさせてしまう傾向に駆り立てられていきます。また競技研究においては、次の大会で勝つために何が必要かということが常に求められるわけです。そういった厳しい条件下で、かつ短いスパンでの研究を求められると、研究から離れていく研究者も出てくるのではないでしょうか。成果とエビデンスを上げなければ研究資金が底をつくという環境で研究を続けなければならないという状況が続けば、本当に優秀な研究者は育ってこなくなるように思えてなりません。本当はじっくり競技と向き合って、自然科学研究をやりたいと思っている研究者がいてもおかしくはないと思うのですが。

森丘　少なからずいるとは思いますが、現状では通りやすい論文の作法や、論文にしやすい実験設定に縛られた研究が優先されているのではないかと。

友添　それは結果として自分たちの研究領域の首を絞めることにつながってしまいますよね。

森丘　そう思います。もちろん自然科学の基礎研究が、現場の実践に活きないわけではありません。トレーニングやプレイ中に体の中で何が起きているのかをラディカルに考えようとする時に、運動生理学の基礎研究の成果は一つの有力な判断材料になり得ます。

一方でトレーニング科学と呼ばれる領域では、「こういうトレーニングをしたら何週間後にこういう効果が得られました」というような実践的な研究も盛んに行われますが、実際の現場では、同じトレーニングをしているのに強くなる選手もいればそうならない選手もいるといった状況があります。本来なら、なぜ選手によって成果が異なるのかという問いを立ててさらなる検証に向かうべきところですが、こういった時間のかかる研究の積み重ねを怠ってきたことに対する反省も必要でしょうか。

いずれにせよ、スポーツの価値や意味についての共有を図りながら、お互いの研究内容の理解に努め、「スポーツ科学」の業績として認め合うようになるといいなと思います。

友添　役割を決めながら全体として有効な成果を出していく。それは短期的な成果を出すグループもあれば、長期的なスパンで成果を出すグループもあり、両者がリスペクトし合いながら研究を発展させていくということですね。

菊　突き詰めて言えば、科学もイデオロギー的存在になり得るのだということです。因果関係を追及して、最小のモノの単位は一体何なのかという、本当に純粋な研究としてそれをやっていったとしても、それが人間にとってどういった意味や価値を持つのか。物理学や化学の場合にはそれが最終的に核兵器という問題にいき着いてしまいました。競技スポーツにもよく似たところがあるのではないでしょうか。スポーツにおける自然科学的な成果を積み重ねていくことが、人間の社会にとってどういった意味や価値を持つのか。そこからはみ出したものがドーピングや暴力といった問題として表出してきました。結局、それらの関係をトータルに考えていかなければいけないということでしょう。しかし、現在のスポーツ科学では、このような問題をどこまで考えることができるのでしょうか。歴史を振り返って思うのは、先ほども述べたようにスポーツ科学はそもそも教育学における体育学が出発点だったということです。人間の欲望を追及していく中で、科学はそれに理屈を与えていきました。しかし他方では、人間はその欲望をいかにコントロールしてこれを体現していけばよいのかという課題を克服していかなければなりません。つまり、欲望をコントロールするというもう一つの目をあわせ持たなければ、科学は社会の中で受け入れられないし、結局はイデオロギー化して、下手をすると反社会的な存在になっていくようにさえ思うのです。

友添　スポーツ倫理学やスポーツ哲学が引き受けなければならない課題です。さらに、スポーツバイオメカニクスや運動学といった自然科学の学問領域の中で哲学や倫理が必要だということでもありますね。

菊　それが非常に重要だと思います。それを実現するために、スポーツ科学部やそれに続く大学院が

「研究—教育」のベースとして何を教える必要があるのかを考えなければなりません。それは、「スポーツ科学」の存続にとって非常に重要な体制づくりだと考えています。

友添　それが結果としてスポーツ科学のアイデンティティを生み出していくということになっていくと思います。

菊　スポーツ科学が体系的なテキストをつくることができるのか、そういった問題も結局そこに帰着します。教育学は教育原理という領域で、これを考えてきた経緯があります。アメリカの教育学では、分散する学問領域をまとめようと試みてきた歴史がありました。かつての体育原理もそうだったと思うのですが、では「スポーツ科学原理というようなものをわれわれは共有できているのか」と問われると、非常に危ういですね。

スポーツ科学研究のこれから

友添　自然科学と人文社会科学に分けて議論してきましたが、スポーツ科学やスポーツそのものはもっと複合的な現象であり、学際的な領域だということですね。文理融合というと陳腐な言い方ですが、学際的なジョイントの可能性や方法をもう少しうまく組み込んでいけるように、大学や学会などの組織がそのための設えになっていかなければいけません。そしてハード面だけでなく、われわれ研究者も変わっていかなければいけませんね。

菊　世の中から求められているものを研究すると言いますが、求められるがままにやることだけで果たしていいのでしょうか。その時代の社会的な需要だからといって何でもいいわけではないでしょう。かつて日本が翼賛体制の下総動員で戦争に突入していったことが正しかったのか。後になって振り返ると、あれはおかしかったという話になるわけです。少なくとも研究者はある種のポピュリズムや大衆におもねることに対して一定のスタンスを取っておく必要がある。現時点ではわかってもらえないかもしれないが、10年後、20年後に目を向け、長いスパンをかけ将来世代に向けた研究をしているという立ち位置があってもいいと思います。

友添　核開発研究は、当時の研究者にとっては興味関心や好奇心を満足させるものだったと思います。しかし、結果的にそれが核爆弾へ利用されるということにつながってしまいました。そういったことがスポーツ科学の領域でも起こらないようにしなければいけません。どこを向いて何のためにやろうとしているのかということを、自分の中、あるいは研究集団の中で共通理解と合意形成がなされていかなければいけません。また、それが当たり前になるような研究風土や文化がつくられていくようにやっていかなければいけません。やはり学会や日本体育協会の役割は重いですし、大学研究機関とその中にいる研究者たちの責任は重いですね。

森丘　個々の研究者が学際的であろうとすることも重要だと思います。ＪＩＳＳは、いわゆる心・技・体に関わる研究やサポート部門が一つの建物内にありますが、領域横断的な議論はあまりなされていないようです。しかし、実際のトレーニング現場には、トレーニング効果を最大化、あるいは最適化するために、どんなトレーニングをどういう優先順位でやるべきなのかといった複雑かつ個別的な問題が横たわっていますし、そもそも人間のパフォーマンス自体が心・技・体の相補的な結果、言い換えれば学際的な結果とも言えるわけです。われわれ研究者は、スポーツ科学研究全体における自身の研究の位置関係を常に意識しておく必要があると思います。

友添　ＪＩＳＳの中にも人文社会科学研究領域がつくられ、スポーツ科学全体を統合していくような研究がなされてほしいと思います。

菊　21世紀に入ったぐらいから、私は「公共性」というものをメインテーマの一つにして研究してきました。女性研究者の問題や障がい者スポーツの問題もそうですが、これまでの議論がどういった立場からなされてきたかということを考えると、無意識のうちに常に強い者からの論理でものを見てきたのではないでしょうか。そこをどうひっくり返して、体育だからこその、あるいはスポーツだからこそのアプローチを提言していくために、どういった人たちを研究仲間に迎え入れていくべきなのか。そこでは、いわゆる「当事者性」というものが非常に重要になってくると思うので、女性の立場、障がい者の立場などに代表される視点を研究の中に組み入れていく必要があると思っています。スポーツ科学研究のスタートラインは、そのような当事者性にあるのではないかとさえ私には思えます。その意味で、スポーツ科学がどのように公共的な概念を紡いでいくのか、またその質をどうやって高めていくのかが重要です。研究が常に価値と向き合っていかなければいけないとすると、どんな研究領域であってもその研究の「公共性」とは何かをすべての研究者が考えておく必要があると思います。

そのような研究結果のアウトカムによって、スポーツは国民から真に支持される存在であり続けることができるのではないかと思うのです。まして、グローバルな社会の中でスポーツがこれだけ注目されているのは、そのような視点からのスポーツ研究に対する何らかの成果への期待が、もはや国家を超えたグローバルなレベルで大きくなっているからだと思っています。

友添　スポーツ科学における可能性はまだまだ大いにあるわけで、本来もっと可能性を広げていかなければいけないのですが、現在は限界を自らつくってしまいかねない状況があります。

森丘　「科学」は、明治初期に哲学者の西周《にしあまね》が、学問全体を意味するWissenschaft（ヴィッセンシャフト）を訳した言葉だと言われていますが、現在では科学と言えば自然科学というように、狭義の意味で使われています。科学の意味を捉え直しながら、スポーツ科学を再考する必要があると思います。

友添　Wissenschaftの原義である「知の塊」で考えると、文系も理系も分ける必要のない、人間の知恵や知識というものが体系化されているということが学問であり科学であるという考え方ですよね。本日は貴重なお話をありがとうございました。

2 ［対談］日本体育学会のこれから

――今回お話しする人――深代千之

（２０１９年７月24日収録）

日本体育学会とは

友添　今回は日本体育学会会長の深代千之さんと東京２０２０オリンピック・パラリンピックが終わった後、２０２０年以降の日本体育学会のあり方について考えていきたいと思います。

深代さんは現在、日本の体育・スポーツの研究領域において、約６０００人の会員を擁する最大の学会である日本体育学会の会長をお務めですが、ご自身の研究領域はどのような内容なのでしょうか。

深代　バイオメカニクスを専門として研究をしています。もともと私は陸上競技をやっていて、どうすれば速く走れるか、遠くへ跳べるかということをちゃんと知りたかったんです。しかし当時の本を読んでも、「理屈」で説明してある本はほとんどなかった。私は理屈を知りたい質《たち》だったので、それがバイオメカニクス研究を始める動機になりました。

友添 人間の身体運動を物理学、とりわけ力学的な手法を用いて解明していく領域ですね。私のような文献研究を手法とするスポーツの人文社会科学領域とはまさに対極に位置づく領域です。

さて、日本体育学会は戦後の比較的早い時期の1950年に創設されています。その時代と言えば、まだ戦後復興が本格的になされる前のことです。日本体育学会の創設の背景にはどのようなことがあったのでしょうか。

深代 日本体育学会の創設の背景には、戦後の新制大学において、大学体育を担当する教員が置かれるようになったことが挙げられます。医学を中心とした医学研究者と実技の指導法を中心とした体育研究者が、一方では研究的な関心と他方では実技指導の教育方法の探究を求めて、そして体育の地位保全という理由から体育学が再構築されたと言われています。私が勤務する東京大学も学会創設時から大きく関わっていて、日本体育学会の第1～3回大会は東大で開催されています。しかし当時は演題数も少なく、50～60程度だったそうです。

友添 その後1964年の東京オリンピックの競技力向上研究の進展や大学の大衆化、さらに1970年代以降のスポーツの興隆の後押しを受けて、体育学会は発展の一途をたどっていくことになります。

研究の評価システムを変える

友添　1964年の東京オリンピック時に当時の日本体育学会の会員が競技力向上に資する研究で大きな貢献をなし、一定の成果を上げました。スポーツ科学の重要な役割に、国際競技力の向上がありますが、近年は、ハイパフォーマンスセンター*6やJISSなどの施設が競技力向上の中心的な役割を果たすようになってきました。どうも日本体育学会が大きく貢献しているようにも思えないところがあります。今後学会として成果を出す、ということにはならないのでしょうか。

深代　学会としてそれをやるには難しい部分があります。なぜなら、その手の臨床・応用研究は論文になりづらいからです。アスリートは複合的なトレーニングを行っています。そのため、「何が原因でAという能力が伸びたのか」という因果関係がはっきりせず、論文にはならない。ですので、学会としては臨床・応用研究よりも基礎研究を重視するということになるのでしょう。

友添　医学の世界とよく似ていますね。論文にならないのなら、大学研究者は採用、昇任に役に立たないからやりません。

深代　私は東大にくる前、名古屋の小さな研究所（スポーツ医・科学研究所）にいたのですが、そこではまさに、いろんなチーム・個人に科学的な視点から競技力向上に向けたサポートをしていました。しかしそれは論文にはなりません。でも、スポーツ科学は「アプライドサイエンス（Applied Science）」、つまり応用科学なので、本来はそういったサポートをしていること自体が成果になるような評価システムをつくった方がいいのではないかと思っています。もちろん論文は論文で必要ですが。

友添　人文社会科学系でも、同様のことが言えます。たとえば、国のスポーツ政策をどうつくっていくのかということを大局的な視座から構造化したり示唆を与えたりしても論文にはなりません。しかし、論文が書けないと学位が取れず、ポストも得られない…。自然科学にしても人文社会科学にしても、多様な評価システムを構築していかければいけない時期にきていることを感じます。

日本体育学会は何を、どう発信していくべきか

友添　日本体育学会には6000名程度の会員が所属して、各研究機関でそれぞれ研究を積み重ねていますが、この成果を社会、そして国民に還元していく必要があるのではないかと思います。

深代　これまでも成果は上げてきましたが、それが学会内でしか共有されてこなかった傾向があります。つまり情報発信に課題がありました。現在は、この課題の解消に向けた方策を検討している段階です。たとえば、体育学会の機関誌である『体育学研究』には査読を経た論文が載るわけですが、今後は、そこに掲載された各論を整理して、社会に向けて何が発信できるのかという、言わばレビュー研究のようなことを学会として推進していきたいと考えています。

友添　その点で一つ注文があります。私は長らく文科省の学習指導要領の作成に協力者として携わらせてもらっているのですが、その際、学習指導要領に示されているスポーツ種目について、バイオメ

カニクスやコーチングなどの論文をあたります。しかし、アスリートが対象の論文は多くあっても、運動が不得手な子どもたちを上手にさせるための明確な方法を示してある論文はなかなか見つけられません。じゃあどうするのかと言うと、結局、体育科教育学的な手法で解明されてきたことをベースに学習指導要領はつくられます。本来はこういったところに多様なスポーツ科学の研究成果や知見を取り入れていくべきではないかと思います。

「日本体育・スポーツ・健康学会」へ

友添　振り返ってみると、日本体育学会には、いくつかのターニングポイントがありました。その一つに1978年の体育科教育学専門分科会（現体育科教育学専門領域）の発足が挙げられると思います。それまでの分科会と言えば、体育原理、体育社会学…とあったわけですがこれらの分科会は、「体育授業の」原理、「体育授業の」社会学がその中心だという考えがありました。しかし、体育科教育学専門分科会が立ち上がると、体育授業に関する事柄はすべてそこに集約されていきました。こうして体育授業は体育科教育学の専売特許になり、他の専門分科会は、スポーツ科学研究に舵を切っていくことになりました。以降、体育学会は「教育」という枠を超え、より広義のスポーツ科学を対象とした学会に、実態としては変わっていきます。こうしたことから、「日本体育学会」という名称では、もはや学会の性格を明確に示すことが難しくなってきているのではないかという意見が多く聞かれるようになってきたわけですが、今日に至るまで学会名称が変更されることはありませんでした。

深代　２０１９年、日本体育学会は、「日本体育・スポーツ・健康学会」への名称変更が正式に承認されました。２０２１年４月から新名称での学会運営がスタートします。

友添　そこに至るまではどのような議論があったのでしょうか。

深代　友添さんにもご指摘いただいたように、名称変更は、昔からあった議論なんです。しかし「体育」への愛着がある会員が多く、否決されてきました。

友添　体育への愛着に加えて、われわれが大学の研究職のポストを占められるのは「大学体育」の授業を責任を持ってやっているから、という一面もあったと思います。その意味で、「体育」の看板を下ろすのは、自分たちの職を自分たちの手で手放すことになるのではないかとの懸念もありました。

深代　内向き、外向き双方の議論がありました。体育への愛着、また、70年も同じ名称でやってきているんだし、という意見もありました。内向きの議論では、おそらくそれで通じるんです。しかし外、社会に目を向けると話は変わります。われわれがやっていることを「体育」だけでアピールできるかと言われると、おそらくそれは難しく、「スポーツ」「健康」が入っていた方がわかりやすいはずです。そして何より、体育・スポーツ・健康に関する「旗艦学会」という位置づけを明確にする必要があったと思っています。

友添　現在日本体育学会には、延べ15の専門領域[*7]があります。ここまで幅広い領域を網羅する学会は他にありません。多種多様な研究者が集まってくる、この学会の存在意義や価値は非常に大きいのではないかと思います。2021年から名称変更がなされるとのことですが、今後この学会はどこに向かっていくのでしょうか。

深代 現在の体育学会にある15の専門領域は、それぞれが個別の一学会にもなっています。特に若い研究者はそこだけで閉じる傾向が強いように感じます。確かにその方が議論も深まるし、仲間意識も強くなる。それはそれでいいことなのですが、一方で体育・スポーツ界を俯瞰的に見ることができなくなってしまうと思います。自分の専門とは異なる分野も見ていかないと、社会に対してものが言えなくなってしまう。そうならないためにも、これからは「『共存』から『融合』へ」というキーワードを掲げたいと思っています。そこでは自然科学、人文社会科学のコラボレーションもあっていいし、むしろそういったことが積極的に起こってほしいと考えています。

2020横浜スポーツ学術会議

深代 東京2020オリンピックの直後に、「2020横浜スポーツ学術会議[*8]」という国際会議が開催されます。自然災害やテロといった世界的な課題に対して、スポーツは何ができるのか、そういったことを検討していきます。

友添 興味深い学術会議です。日本体育学会との接点はどこにあるのでしょうか。

深代 日本からこの学術会議に参加するメンバーの中心は、体育学会の会員です。体育学会を中心に、シンポジウムやキーノートを開催して、日本のスポーツ科学研究のアピールの場にしたいと思います。

友添　スポーツ学術会議は、実は１９６４年、東京で第1回大会が開催されています。発祥国としてのプライドをもって、大いに盛り上げていただきたいと思います。

〈注〉

1　教育学の一つの領域を構成すると考えられた、「体育学」の研究系譜をたどると意外に古い。国民体力の研究を行うために、１９２０年に医学や生理学を主とした、いわゆる自然科学系の研究を中心とする学術研究会議が発足し、これが後の「日本体力医学会」の創設（１９４９年）につながった。一方、１９２４年に、文部省直轄の国立体力研究所が発足し、国民の体力の向上や運動実技の指導・研究を行ったが、これが日本体育学会の創設（１９５０年）につながった。なお、国立体育研究所は国立の東京高等体育学校、東京体育専門学校に発展し、戦後は東京高等師範学校を母体とした東京教育大学体育学部に吸収され、現在の筑波大学体育専門学群に至る。また、「體育学（體育学論）」と冠された著作で国会図書館に現存するのは１８８７年のリーランドのものである。リーランドは東京高等師範学校体操科の前身である体操伝習所のお雇い外国人教師として１８７８年にアメリカから招聘されて来日したが、リーランドの体操伝習所での講義を坪井玄道と幕内鐐太郎が翻訳してまとめたものである。

2　保健体育審議会は２００1年の中央省庁再編に伴い、旧文部省の中央教育審議会を母体として再編された現在の中央教育審議会に、生涯学習審議会等と共に整理・統合され、その後スポーツ庁設置の際に、スポーツ審議会にその機能が移された。１９７２（昭和47）年の保健体育審議会の答申（47答申）は体育・スポーツに関する研究体制の整備や体育・スポーツ施設の拡充などとともに、体育・スポーツへの参加・促進が盛り込まれた。

3 ショランダー（Donald Arther Schollander、1946年〜）は、アメリカの水泳選手である。高校生として参加した1964年の東京オリンピックでは100m自由形、400m自由形、4×100mリレー、4×200mリレーの四種目で金メダルを獲得し、三つの世界記録を更新した。さらに1968年のメキシコシティオリンピックでも4×200mリレーで優勝した。

4 円谷幸吉（1940年〜1968年）は、自衛隊体育学校所属のマラソン選手として東京オリンピックで銅メダルを獲得した。このメダルは陸上競技日本代表選手で唯一のメダル獲得となった。メダル獲得後、1968年のメキシコシティオリンピックでのマラソン優勝という国民的な期待を背負うが、腰痛や精神的不調に見舞われ、メキシコオリンピック開催年の年明け早々に「もうすっかり疲れ切ってしまって走れません」との遺書を残して自死した。

5 スポーツ運動学（Bewegungslehre des Sports）を確立した旧東ドイツのクルト・マイネル（Kurt Meinel、1898年〜1973年）は、運動観察の方法として、数値化・定量化する自然科学的な方法よりも、生身の自分の目で対象となる運動を視覚だけではなくあらゆる感覚を動員しながら観察することの有効性を提唱し、この方法をモルフォロギー（Morphologie、形態学と訳される場合が多い）と称した。マイネルがモルフォロギーを提唱した理由は、人間の運動は物理学的時空間ではなく、まさに今ここで生き生きと展開される現象学的時空間の中でこそ生起すると考えたからである。

6 2016年4月からオリンピック競技とパラリンピック競技を中心に、スポーツ医・科学研究、情報サポート、トレーニングや実験施設などのJISSとNTCが有する機能を一体的に捉え、国際競技力強化の一層の推進のために「ハイパフォーマンススポーツセンター（HPSC）」が設けられた。

7 体育哲学、体育史、体育社会学、体育経営管理、体育心理学、運動生理学、バイオメカニクス、発育発達、測定評価、体育方法、保健、体育科教育学、スポーツ人類学、アダプテッド・スポーツ科学、介護福祉・健康づくりの15専門領域。

8 新型コロナウイルスの影響で、世界ではパンデミックが起き、他方日本では２０２０年４月に緊急事態宣言が発令された。このような状況下では、国内はもちろん、世界からも多くの研究者が参集する国際学会を通常通り開催することは難しく、本書が出版される時点で、オンラインを利用したＷｅｂ上での開催が決まっている。

初出一覧

■第１章　1．東京2020大会とスポーツ界の変容（※原題　東京オリンピック2020とスポーツ界の変容）．現代スポーツ評論30（2014年5月），pp.18-37

2．JOCの役割と東京2020大会に向けて．体育科教育2020年1月号（第68巻第1号），pp.42-47

■第２章　1．スポーツ庁の設置と学校体育への期待．体育科教育2015年12月号（第63巻第13号），pp.20-27

2．スポーツのこれからに政治が果たすべきこと．体育科教育2019年1月号（第67巻第1号），pp.62-65

3．日本のこれからのスポーツ政策のゆくえ．体育科教育2018年10月号（第66巻第10号），pp.58-61

■第３章　1．スポーツ・インテグリティの確保に向けて．現代スポーツ評論40（2019年5月），pp.16-31

2．求められるスポーツのモラル教育とは．現代スポーツ評論38（2018年5月），pp.16-31

■第４章　1．女性スポーツのこれまでとこれから．体育科教育2019年3月号（第67巻第3号），pp.68-71

2．障がい者スポーツは日本のスポーツをどう変えるか．体育科教育2019年4月号（第67巻第4号），pp.74-77

3．ｅスポーツのこれまでとこれから．体育科教育2019年6月号（第67巻第6号），pp.74-77

4．ゆるスポーツが社会に投げかけるもの．体育科教育2019年7月号（第67巻第7号），pp.64-67

5．日本のスポーツ界をアップデートするために．体育科教育2019年8月号（第67巻第8号），pp.68-71

■第５章　1．運動部活動の課題をめぐって（※原題　部活指導員（仮称）で部活は変わるか？）．体育科教育2016年6月号（第64巻第6号），pp.20-30

2．持続可能な運動部活動をめぐって．体育科教育2019年5月号（第67巻第5号），pp.62-65

■第６章　1．日本のスポーツ科学をめぐって．現代スポーツ評論34（2016年5月），pp.17-35

2．日本体育学会のこれから（※原題　スポーツ科学の過去・現在・未来）．体育科教育2019年9月号（第66巻第9号），pp.60-63

本書にご登場いただいた方一覧（掲載順）

山本　浩	法政大学スポーツ健康学部教授．元NHKアナウンサー・解説委員
勝田　隆	日本スポーツ振興センタースポーツ開発事業推進部長・筑波大学客員教授
清水　諭	筑波大学体育系教授．専門は体育・スポーツ社会学
山下泰裕	日本オリンピック委員会会長
菊　幸一	筑波大学体育系教授．専門は体育・スポーツ社会学
山口　香	筑波大学体育系教授．日本オリンピック委員会理事・女性スポーツ専門部会長．スポーツ庁・スポーツを通じた女性の活躍促進会議委員．ソウルオリンピック柔道銅メダリスト
宮嶋泰子	テレビ朝日スポーツコメンテーター
高橋修一	スポーツ庁政策課教科調査官
遠藤利明	衆議院議員．初代オリンピック・パラリンピック担当大臣
鈴木大地	スポーツ庁長官．ソウルオリンピック１００ｍ背泳ぎ金メダリスト
潮　智史	朝日新聞スポーツ部記者
佐伯年詩雄	日本ウェルネススポーツ大学教授．筑波大学名誉教授
山脇　康	日本パラリンピック委員会委員長．国際パラリンピック委員会理事
平方　彰	日本ｅスポーツ連合専務理事
澤田智洋	世界ゆるスポーツ協会代表理事
有森裕子	バルセロナオリンピックマラソン銀メダリスト，アトランタオリンピック同種目銅メダリスト．ハート・オブ・ゴールド代表理事．スペシャルオリンピックス日本理事長
西島　央	首都大学東京大学院人文科学研究科准教授．専門は教育社会学，文化政策学
内田　良	名古屋大学大学院教育発達科学研究科准教授．専門は教育社会学
嶋崎雅規	国際武道大学体育学部体育学科准教授．専門は体育・スポーツ経営学
塩川達大	スポーツ庁政策課学校体育室室長
森丘保典	日本大学スポーツ科学部教授．元日本体育協会スポーツ科学研究室室長代理
深代千之	日本体育学会会長．東京大学大学院総合文化研究科教授

（所属・肩書きは対談・座談時点）

［編著者紹介］

友添秀則（ともぞえ ひでのり）

早稲田大学理事、同大学スポーツ科学学術院教授。Ph.D.

専門はスポーツ倫理学、スポーツ教育学。1956年大阪生まれ。

日本オリンピック委員会（JOC）常務理事、スポーツ庁スポーツ審議会会長代理、日本スポーツ教育学会会長、日本体育科教育学会会長等、多くの学外委員を務めるとともに、「運動部活動の在り方に関する総合的なガイドライン」（スポーツ庁、2018年）、「スポーツ団体ガバナンスコード」（同、2019年）等の取りまとめを座長として行う。文部科学省学習指導要領作成協力者でもある。

主な著書に『スポーツ倫理を問う』『運動部活動の理論と実践』『スポーツ・インテグリティの探究』（以上、大修館書店）、『よくわかるスポーツ倫理学』（ミネルヴァ書房）等がある。

「スポーツを伝え、考え、語り合う雑誌」である『現代スポーツ評論』（創文企画）の編集委員を務める。

［対談《たいだん》・座談《ざだん》］現代《げんだい》スポーツの論点《ろんてん》——オリンピック・パラリンピックレガシーを語《かた》り尽《つ》くす

NDC780 / xii, 259p / 19cm

初版第１刷————2020年９月１日

編著者————友添秀則《ともぞえひでのり》

発行者————鈴木一行

発行所————株式会社 大修館書店

〒113-8541 東京都文京区湯島2-1-1

電話 03-3868-2651（販売部） 03-3868-2299（編集部）

振替 00190-7-40504

［出版情報］https://www.taishukan.co.jp

装丁・本文デザイン—石山智博

印刷所————横山印刷

製本所————難波製本

ISBN978-4-469-26899-7 Printed in Japan